MA VIE BALAGAN

DU MÊME AUTEUR

17ᵉ parallèle. La Guerre du peuple deux mois sous la terre, Les Éditeurs français réunis. Paris, 1968.

MARCELINE LORIDAN-IVENS

MA VIE BALAGAN

*écrit en collaboration avec
Elisabeth D. Inandiak*

ROBERT LAFFONT

ISBN 978-2-221-10658-7

« *Balagan*, c'est une sorte de désordre, de désor-
ganisation. L'ordre dans le désordre. Chacun de
nous a un ordre qui pour l'autre paraît un désordre :
balagan. L'ordre de l'un est *balagan* pour l'autre.
On l'emploie en hébreu et aussi en yiddish, mais il
semble que ce mot vienne du russe. »

David Zrihan

La java du diable

Rue des Saints-Pères, Paris – 19 mars 2006

Ce matin, j'ai soixante-dix-huit ans et deux passiflores sur mon balcon. Elles ont l'air mort de l'hiver, du froid, du gel ; on croit que c'est fini, qu'il vaut mieux les arracher, qu'elles ne repousseront pas. Puis on attend un peu, on laisse faire la nature, et les voilà qui renaissent. C'est tellement beau, les fleurs de passiflores. J'aime bien aussi les petits myosotis, les fleurs de la campagne, les pissenlits, les coquelicots, les bleuets, et les tulipes – les fleurs de Joris. J'aimerais avoir un jardin enchanté, mélange de sauvage et d'organisé, pas trop, mais suffisamment pour que la floraison soit débordante et folâtre, comme dans cette chanson de Charles Trenet qu'on n'entend plus : « Un jour le diable fit une java / Qu'avait tout l'air d'une mazurka... »

Ce matin, j'ai soixante-dix-huit ans. Huit et sept font quinze. J'ai quinze ans, l'âge du traumatisme. On a toujours l'âge de son traumatisme. Je me sens à la fois non pas vieille, mais mûre, avec des flambées de jeunesse. J'ai toujours le goût de la vie. J'ai perdu un certain nombre de féminités, mais j'aime encore être bien habillée. Hier soir, j'ai eu beaucoup de plaisir à sortir avec mon vieux copain américain, il était tellement galant, courtois, prévoyant. En partant, il m'a dit : « Je prends ton parapluie. » Quand on est âgée, et qu'il n'y a plus d'enjeux avec les hommes, c'est merveilleux. Ce n'est pas qu'il ne puisse pas y en avoir, mais ce n'est pas essentiel, c'est tellement secondaire. Le jour où, descendue dans la rue, je me suis aperçue qu'on ne me regardait plus, j'ai été contente : me voilà enfin libre de moi-même, non plus soumise à des pulsions qui m'entraînaient dans des histoires abracadabrantes.

Parmi toutes mes copines, perdues ou retrouvées, je suis la seule à ne pas avoir eu d'enfants. Celles qui n'en ont pas eu, c'est parce qu'elles n'ont pas pu en avoir, et elles en ont adopté. Je n'ai jamais eu ce désir. Je ne me sentais pas capable d'élever un enfant. J'étais trop détruite. À moins que je sois restée moi-même une enfant ? On me répète : « Dis donc, t'es vraiment petite ! » Combien je mesure ? Avec ou sans talons ? À mon avis, pas plus de 1,46 m. Sur ma carte d'identité, il est écrit 1,50 m, mais ils ne mesurent pas, ou mentent, ou mesurent talons compris. Oui, je n'ai pas voulu grandir. D'un autre côté, la vie est dure, quand on est petite. Les femmes grandes ont plus d'allant, plus d'assurance. Les femmes grandes ont de la chance. Grande et belle, c'est mieux que petite et moche. Je n'ai jamais été particulièrement belle. J'ai développé d'autres atouts.

À quarante ans, il m'arrivait de me dire, en découvrant certains plis sur mon corps : « Ça, ça va vieillir. » Pour le reste, je ne me suis jamais projetée dans le futur. Je n'ai jamais pensé qu'un jour j'aurais soixante-dix-huit ans. Non. D'ailleurs je m'étonne un peu moi-même d'être encore là, encore en vie, dans cette maison. Personne ne peut me sortir d'ici. Sinon des trucs comme ceux qui se sont produits pendant la guerre. Je suis chez moi. Le sentiment d'avoir un lieu. Une position de repli. Et, surtout, d'avoir juste ce qu'il faut pour ne pas dépendre des autres. C'est essentiel. Jusqu'à présent, j'ai eu de la chance. Je touche du bois, selon mon habitude, et si je n'en trouve pas, je touche mon front. Parce que j'ai la tête dure comme du bois. Dans la rue, quand il y a une échelle, je réfléchis deux secondes et je passe sous l'échelle. Alors, je transgresse. Je passe sous l'échelle en conjurant le sort. Mais je regarde quand même s'il n'y a pas un type au-dessus, en train de décrocher des affiches.

Est-ce que je suis heureuse ? Je répondrai comme un personnage de *Chronique d'un été* : « Oh, vous savez, dans la vie j'ai eu du bonheur, j'ai eu du malheur, il faut bien partager les deux. » Dans l'ensemble, comme j'ai retrouvé une santé, une certaine force, je me sens d'attaque pour vivre encore, autant que je peux. Je n'ai pas de réelle angoisse de la mort, bien qu'elle m'effraye, comme tout le monde. L'essentiel, c'est de mourir debout. Le moins possible couchée, malade. Pour l'instant, bien qu'ayant perdu un œil, perdu ceci, perdu cela, ça va. Y a pire. Je me dis toujours qu'il y a pire.

Ma douleur, à l'heure actuelle, est physique et lancinante. C'est son côté lancinant qui la rend insupportable. Je me couche le soir en espérant que ça ira mieux le lendemain matin. Mais le lendemain matin, j'ai autant mal. Au début je me révolte contre elle, la douleur. Ensuite, je suis bien obligée de l'accepter, de négocier avec elle, d'essayer de la raisonner, d'aller au-delà de ce que je peux supporter. J'étais comme ça, au camp. Il fallait que je supporte plus longtemps que les autres. Comme si le fait de supporter cinq minutes de plus permettait de vivre cinq minutes de plus. Mais là-bas, c'étaient d'autres douleurs, de faim, de soif, de terreur. Ici, je souffre de façon simplement mécanique. Je suis par ailleurs en pleine santé. Je viens de manger une pomme délicieuse, j'ai bu un thé divin, je partage du temps avec une très chère amie. C'est du bonheur. Je ressens donc moins la douleur. Là-bas, j'étais affamée, battue, assoiffée, maigre. Mais c'est là-bas que je me suis éduquée.

Alors je parle à mon corps. Encore tout à l'heure, j'avais mal. Je lui ai dit : « Fiche-moi la paix un peu, aujourd'hui, c'est mon anniversaire. J'ai déjà mal d'un côté, ne m'attaque pas de l'autre ! » Je parle au lieu de ma douleur. À ma jambe, à mon pied, à mon épaule. Ça ne sert pas à grand-chose, mais à quelque chose quand même. Comme si, tout d'un coup, je prenais conscience qu'une mécanique extraordinaire fonctionne à l'intérieur de mon corps. Ce que je n'arrivais pas à visualiser, auparavant. Depuis que je passe des radiographies, je vois des bouts de mon squelette. Je me dis : « Je suis donc faite comme les autres. » Quand je parle à mon épaule, je ne sais pas si elle me répond, mais j'ai l'impression qu'elle se calme. D'autres gens ont d'autres méthodes. Il y a ceux qui savent négocier avec leur inconscient. C'est qu'ils sont plus cultivés que moi. Ou plus cérébraux. J'ai toujours l'impression d'être un peu brute, dans ce monde-là. Je ne sais pas où est mon inconscient. Je ne l'ai jamais compris. Si quelqu'un pouvait me passer la méthode, j'en serais très heureuse. J'ai donc accepté que mon corps soit une mécanique, qu'à l'intérieur de moi-même il y ait une circulation intense, de sang, de veines, de tout ce que je mange, d'organes mous, d'organes durs. À l'époque des premiers symptômes de la ménopause, le gynécologue m'a dit : « Est-ce que vous vous êtes déjà vue ? » Non, jamais. « Eh bien je vais vous montrer. » Et il m'a montré l'intérieur de mon vagin, ce que j'ai trouvé extrêmement étrange. Je n'étais jamais arrivée à me figurer l'intérieur de mon corps. Divers événements, tout au long de ma vie, m'ont ainsi fait ressentir le volume de mon corps, de l'intérieur. Ainsi, quand je parle à mon épaule, je la vois qui bouge du dedans. C'est une façon de prendre des distances par rapport à moi-même. Un humour très judaïque, qui consiste à tourner en dérision les pires tragédies pour pouvoir les supporter, précisément.

La douleur, ce sont aussi les cauchemars. Ils viennent des camps. Encore maintenant. Mais aussi de l'angoisse des violences actuelles, de l'incompréhension des gens que j'ai aimés. Je me demande comment un peuple de douze millions de Juifs va survivre à notre monde. Il y a des jours où je reste seule, je ne sors pas, je n'appelle personne. Ce n'est pas forcément la grande déprime. Ce sont des moments où j'ai besoin de solitude. J'en souffre, bien sûr ; après avoir vécu avec un homme que j'aimais, je souffre de ne plus être touchée, d'être privée de dialogue, d'être en face de mon propre monologue. Mais en même temps, j'ai besoin de cette solitude. Je peux rester sur une chaise des heures sans rien faire. Quand on est jeune, on téléphone, on se trouve des occupations, un rendez-vous, on s'invente des prétextes pour sortir de chez soi. Plus ça va, moins j'ai besoin de ça. Je pourrais dire : on ne m'appelle pas, je suis oubliée du monde. Mais c'est moi qui l'oublie, le monde. Ça ne m'angoisse pas. Je n'attends plus grand-chose, le monde ne m'intéresse plus beaucoup. Pourtant, j'écoute la radio, les informations, tous les jours, France Culture la nuit. Je compare les journaux. Mais entre moi et le monde, le courant ne passe plus. Cependant, avec les gens, je suis très gaie, je les aime, je suis curieuse d'eux, ravie de découvrir de nouveaux êtres. Je me réjouis de les avoir vus, mais je peux aussi ne pas les voir.

Je n'ai pas d'amertume, ni de regret. Je ne renie pas ce que j'ai fait. J'assume mes erreurs, mes dérives, je les inscris à la fois dans mon chemin et dans l'histoire d'une époque à laquelle j'ai été très mêlée. Malgré les dérives, c'était peut-être mieux, de penser qu'on pouvait changer le monde. C'était en tout cas plus amusant. Ce XXIe siècle commence mal, dans des contradictions qui seront un jour très sanglantes. Je suis inquiète, et en même temps, si je regarde l'époque comme on regarde un spectacle, elle m'apparaît à la fois ahurissante et formidable. Des choses se dissolvent, d'autres naissent, croissent tant bien que mal, ne sont pas encore là et pourtant font déjà trembler l'air en quête d'une forme. Mais j'ai cessé depuis longtemps de croire à la possibilité d'un monde nouveau. L'homme est le plus terrible des prédateurs ; rien ne le changera, si on n'apprend pas à l'enfant, dès le plus jeune âge, à reconnaître ce qu'il a de pire et de meilleur en lui. Lui faire comprendre ceci : ce qu'il ne veut pas qu'on lui fasse, il ne faut pas qu'il le fasse aux autres. Mais acceptera-t-il de le comprendre ? L'histoire montre qu'il ne l'a jamais accepté.

Quand on a beaucoup souffert, on devient dur. Dur comme de la pierre. Pour recommencer à vivre, il faut prendre conscience de cette dureté, la combattre. Mais la dureté est plus facile. Elle peut durer longtemps et être terrifiante. Pour les autres et pour soi-même. C'est un chemin. En parcourant le chemin, on acquiert plus de lucidité sur soi, sur le monde, et plus de générosité. On apprend à donner et à recevoir. Ceux à qui on donne ne sont pas forcément ceux qui vous rendent. Comment ça circule, c'est merveilleux. Ce n'est pas toujours donnant-donnant, et c'est très bien comme ça. Quand on donne trop, parfois les gens s'éloignent.

On me demande souvent : « Peut-on partager quand on a faim ? » Moi, ça m'est arrivé. J'ai trouvé un morceau de pain dans la nuit et je l'ai partagé en cachette avec ma copine après lui avoir chuchoté : « Tais-toi, mange. » Je me souviens des moments où j'ai partagé. Mais je ne me souviens pas des moments où je me suis battue comme un chien pour en prendre plus que les autres. Les deux élans existent en moi.

Le partage est aussi dans l'amour. Le partage de nos êtres, Joris et moi. Nous avons vécu trente ans ensemble. Il s'en passe des choses en trente ans, dans un couple. Il faut savoir franchir les cycles, les accepter. J'ai donné beaucoup à ce corps vieilli et fatigué que je trouvais de plus en plus beau, comme un vieux chêne. La vie à deux, c'est un mélange de don et de respect de la liberté de l'autre. Accepter les contradictions, parfois douloureuses, en sachant où est l'essentiel et en gardant une certaine noblesse d'âme. J'ai appris qu'il ne fallait pas faire de blessures inutiles. Joris disait toujours : « Il ne faut jamais laisser de ruines derrière soi. » Il a ruiné beaucoup de vies en ce sens qu'il a eu et quitté beaucoup de femmes, mais il était présent quand elles étaient dans le besoin. Et moi ? J'ai sans doute laissé quelques ruines derrière moi. Les garçons que j'ai mal quittés. Et ma mère.

En ce jour de mes soixante-dix-huit ans, je me sens comme l'aristocrate du *Salon de musique*, ce film extraordinaire de Satyajit Ray. Il est dans son palais. Un palais qui se vide. Il erre sur sa terrasse, face à la mer. Il a tout perdu : la musique l'a ruiné, son enfant s'est noyé. Il ne lui reste qu'à se perdre lui-même. Il se déleste au point de ne plus avoir qu'à mourir. Et il meurt. Le but n'est pas de se délester pour se donner la mort, mais pour être là. Légère. Oui, je me déleste énormément. J'aime être bien habillée quand je vais dîner dehors. Je suis toujours coquette. J'aime ce qui brille parce que je suis juive – je suis une vieille Yarchné, les Yarchnés adorent ce qui brille. Mais je peux aussi ne plus rien avoir. Je mange de moins en moins. Moins je mange, plus je suis contente. Il y a même des moments où j'ai besoin de sentir la faim que j'ai ressentie dans les camps. Je sens cette faim en moi, je ne mange pas, cela me renvoie au camp, quand j'avais faim. Je me dis : « Tiens, j'ai faim ! » Elle passe très vite cette faim, elle ne me gêne pas du tout. Je ne la subis plus, je la domine.

Ce délestage, je le pratique dans d'autres domaines. Par exemple, il ne me viendrait pas à l'idée d'acheter une bricole pour ma maison. Je n'ai plus besoin de rien. Les objets que je laisserai vivront. Ils portent l'âme des gens. Cette âme est transmissible à ceux qui savent la saisir ou elle ne l'est pas. Les objets vivent plus longtemps que nous. J'ai des objets ici qui me rappellent ma sœur qui s'est suicidée ou mon frère qui s'est suicidé, ou ma mère qui est morte, ou ce château dans lequel je vivais quand j'ai été arrêtée.

Ma vie balagan

Comme ce tableau de *La Chèvre de M. Seguin* accroché au-dessus du buffet de mon salon. Où est la petite chèvre ? Longtemps, j'ai cru qu'elle était attachée près du moulin. Je la regardais et je récitais : « Qu'elle était jolie, la petite chèvre de M. Seguin... » J'ai oublié la suite. Elle souffrait d'être attachée. Une nuit, elle s'est détachée, pour être libre, je crois. Et le loup, à l'aube, l'a mangée. Je regardais ce tableau comme un paysage provençal, aberration totale. Il y a la mer, un moulin, certes, mais il est évident que c'est un paysage flamand. Les nuages gris-vert, dans le ciel, ne trompent pas. Ce tableau était au château de Gourdon. Il est sans valeur. J'avais une dizaine d'années, je commençais à apprendre des poèmes par cœur. J'adorais ça. Et pour moi ce tableau, c'était l'histoire de la chèvre de M. Seguin. Mais cinquante ans plus tard, Joris m'a dit : « Mais non ! Tu vois bien que c'est un paysage flamand ! Il n'y a pas de chèvre attachée au moulin, mais un voilier libre sur la mer. » Le tableau porte encore les traces de l'attaque des Allemands. Quand mon père et moi avons été arrêtés, le cadre a été déchiré par les tirs des mitraillettes. Au moment du partage, après la mort de ma mère, j'ai dit à mes frères et sœurs : « Prenez ce que vous voulez, mais moi, je veux ce tableau. » Je ne savais pas pourquoi. C'était comme une prémonition. Plus tard j'ai rencontré Joris qui était hollandais. À présent, je vois bien le voilier sur la mer, celui du Hollandais volant. Mais je vois toujours aussi la petite chèvre près du moulin, dévorée par les loups nazis.

J'ai aussi des poupées exorcistes. Elles m'ont été offertes par des amis péruviens. Des poupées gentilles et des talismans. Pour faire de beaux rêves, il faut les mettre sous l'oreiller. Mais ça ne marche pas. Je fais toujours des cauchemars. Il y a aussi les petits morts. Des morts mayas. Les Mayas sculptent des figurines minuscules, extrêmement belles et inventives. Les morts, aux visages blanc et noir, sont représentés dans toutes les situations de la vie. Il y a une femme qui conduit une poussette ; elle est morte et le bébé dans la poussette aussi. Ou ce couple assis sur un banc ; ils s'aiment ou pas, mais ils sont morts. Ou un dentiste qui a une tête de mort ; il arrange les dents d'une femme qui a elle aussi une tête de mort. J'ai également en miniature, un peu cassée, la reproduction exacte de la cuisine de Frida Kahlo, superbe, rouge, blanc et bleu. Et là aussi, des morts s'affairent autour des marmites. Les Mayas vont au cimetière avec ces petits sujets et apportent à manger aux morts. Ils passent la journée et la nuit à festoyer sur les tombes. J'aime ces petits sujets – j'ai eu du mal à me les procurer. Ils me familiarisent avec la mort. Ou peut-être qu'ils l'exorcisent. Ou peut-être que je mens un peu. Il y a aussi un orchestre, et une salle de massage où les petits morts sont nus. On se croirait au bloc des expériences de Mengele. C'est effrayant. Mais ça ne me dérange pas, de les croiser tous les matins.

Je vis un peu comme si j'allais disparaître bientôt. C'est difficile d'envisager sa propre mort. On ne sait pas comment on mourra. Est-ce que je deviendrai sénile ou aveugle ? J'ai déjà perdu un œil, et l'autre est dans un état très grave. Je vois encore, mais de moins en moins. Mes yeux ont tellement vu. Je me sens comme Beethoven, musicien devenu sourd. Comme si l'organe qui m'a rendu les plus grands services devait être le premier atteint, comme si j'avais épuisé ses grâces. Quand ça m'est arrivé, je me suis dit : « C'est épouvantable, je perds mon outil de travail. » Cela m'a fait très peur. Pendant une période, j'ai tenté de fonctionner comme si j'étais totalement aveugle. J'essayais de me diriger dans la maison ou dans la rue en fermant les yeux, pour sentir la douleur de ne plus voir. Ne plus voir un visage, l'évolution de la vie dans un visage... Si je devais perdre mes deux yeux, je ne maîtriserais plus ma vie. Ou bien j'apprendrais à la maîtriser autrement. Je pense à ces mots de Joris quand il expliquait d'où lui venait son talent de cinéaste : « Dans la vie, il ne faut jamais oublier l'émerveillement de la première fois. La première fois que tu as vu la neige, la première fois que tu es passé sur un pont ou que tu as senti la pluie sur tes bras. C'est avec cet émerveillement que tu fais les choses. »

Alors j'essaie de parler, même si je la perçois mal, à la petite fille qui est sûrement toujours en moi. Je crois qu'elle est assez timide. Je la vois avec un petit tablier, dans la campagne vosgienne, une petite valise en carton bouilli à la main. Qu'est-ce qu'il pouvait bien y avoir, dans cette valise ? Une boîte d'allumettes où étaient cachés

des scarabées ? Trois billes ? Un de ces petits bai-
gneurs qu'on trouvait dans les paquets de chico-
rée ? Seule la petite fille que j'étais le sait. Je la
questionne, mais elle ne répond pas. La valise aux
trésors. Je suis partie avec. Je suis revenue sans.

Je me souviens

Je me souviens de la nuit qui tombe.

Je me souviens du dernier pot-au-feu préparé par ma mère.

Je me souviens de notre fatigue, de la migraine de ma mère et de l'insistance de ma sœur, qui nous poussait à partir.

Je me souviens de la décision de rester... une nuit encore.

Je me souviens, je vais me coucher la première, au premier étage, et je m'endors. J'ai quinze ans.

Je me souviens, je suis brutalement réveillée par mon père : « Vite, vite, Marceline, ils sont là. » À tâtons dans le noir, j'attrape tout ce qui me tombe sous la main.

Je me souviens, toujours dans le noir, les cris : « Ouvrez, ouvrez ! », les hurlements, le portail de la cour intérieure ouvert par M. Roussier, notre fermier, qui habite juste derrière.

Je me souviens des coups violents sur les portes, des tirs des mitraillettes et de ma fuite éperdue au milieu des cris, des hurlements : « Ouvrez, ouvrez, vous êtes faits ! »

Je me souviens que je cours d'un escalier à l'autre, je me souviens que je n'arrive pas à descendre du premier étage tant les tirs se précisent.

Je suis seule dans la maison. Il me faut à tout prix sortir pour gagner la porte dérobée au fond du parc, qui donne sur les bois.

Je me souviens, la peur au ventre, je parviens à sortir de la maison.

Mon père, mort d'inquiétude, m'attend derrière un arbre, à l'orée du parc.

Je me souviens n'avoir vu que lui, nous courons comme des fous vers le fond du parc, dans le noir.

Je me souviens, je suis devant lui, je tire le verrou de la porte, je dis : « Ça y est, papa, nous sommes sauvés ! »

Derrière la porte, un homme, un milicien français, revolver au poing, une torche dans l'autre main. Il nous dit : « Halte, ou je tire ! » Il donne de violents coups de crosse sur la tête de mon père.

Je me souviens du retour à la salle à manger, la casserole du pot-au-feu est toujours sur le coin du poêle à bois.

Il est minuit, ils sont une douzaine, miliciens français de Bollène, d'Avignon, Allemands en uniforme de la Gestapo, vêtus de noir, tous armés.

Je me souviens de leur violence, de la brutalité des interrogatoires.

Je me souviens du pillage du château, des

camions qui arrivent, du mobilier qu'ils déména-
gent, de l'accablement de mon père qui souffre des
coups reçus et des claques que je reçois, du milicien qui veut me violer.

Je me souviens de mes cris.

Je me souviens de cet officier allemand surgis-
sant en hurlant : « C'est interdit de toucher à cette
sale race. »

Je me souviens de cette horrible phrase qui me
sauve.

Je me souviens du regard fuyant de M. et
Mme Roussier, qui assistent à la scène.

Je me souviens du lendemain midi, le départ en
camion, entassés et assis sur des chaises du château...

Bien souvent les gens croient que les souvenirs
deviennent flous, qu'ils s'effacent avec le temps, le
temps auquel rien ne résiste. Pour moi, le temps ne
passe pas, il n'estompe rien, il n'use rien.

Je me souviens de tout.

Retour à Auschwitz cinquante ans après

La Pologne... Je n'avais pas envie d'y aller. J'ai perdu trop de membres de ma famille là-bas. Plus de quarante. Mes parents étaient polonais, de Łódź. Mais le directeur du festival de cinéma de Varsovie avait vu *Une histoire de vent* à Venise, il tenait beaucoup à ce que ce film figure dans la sélection. Après tout, je suis bien allée en Allemagne. Je ne suis pas juste. J'ai fini par donner mon accord, à une condition : que je puisse me rendre à Auschwitz.

Je pars donc pour Varsovie. Nous sommes en octobre 1991. Deux jours après mon arrivée, le directeur du festival me dit : « Auschwitz est à trois cent quatre-vingts kilomètres de Varsovie, les trains fonctionnent mal ; dans ce pays, tout fonctionne mal. On va vous donner une voiture et un interprète, un jeune critique de cinéma qui vous aidera. »

J'avais en tête les grands froids de 1944. Vingt ou trente degrés au-dessous de zéro sans presque aucun vêtement sur soi, trois quarts de litre de

25

soupe par jour, l'appel, le travail dans la neige, douze heures par jour. J'ai donc apporté de France des pull-overs, des collants, un manteau chaud, des châles pour me protéger du froid, du froid d'Auschwitz.

Or nous sommes en octobre. Quand j'arrive à Varsovie, il fait plutôt bon, un peu frais le soir, mais il y a du soleil. J'espérais qu'il ferait mauvais, que le ciel serait gris, qu'il y aurait de la boue partout. Mon frère, qui n'a pas été déporté mais qui était allé voir, m'avait dit que l'herbe était verte ; j'espérais qu'il n'y aurait plus d'herbe en cette saison-là, parce que c'est une terre glaise, très argileuse. J'ai gardé l'image de ce lieu sinistre plein de boue dans laquelle on glissait parce qu'on portait des chaussures avec des semelles de bois, ces cheminées qui fumaient très noir, cette odeur de corps brûlés, et quand il y avait beaucoup de monde devant le crématoire, ces grandes flammes qui s'échappaient de la cheminée.

Je fais donc provision de vêtements chauds, je pars, je traverse une Pologne qui semble ne pas avoir bougé depuis les années 1950, peuplée de paysans qui travaillent comme en Chine, une main sur la charrue. Nous arrivons à Cracovie. Je savais que Cracovie était à soixante-dix ou quatre-vingts kilomètres d'Auschwitz, parce que, pendant l'été 1944, le front russe se rapprochant, nous entendions au loin des tirs au canon, et nous disions toujours : « Ils sont à Cracovie », « On se bat près de Cracovie ». C'était un nom abstrait, mais je savais que les Russes y étaient, donc plus très loin, et que nous ne finirions peut-être pas toutes par la cheminée.

Nous descendons dans un superbe hôtel des années 1930, tout juste refait, mal, un peu trop blanc, un peu trop rose. Le soir, l'interprète me propose d'aller voir le quartier juif, Kazimierz. Très grand quartier. Comme il fait nuit, il est difficile de distinguer les détails, mais je longe une quinzaine de synagogues et de maisons communautaires abandonnées, et, ici et là, sur des murs, quelques symboles du judaïsme, l'étoile de David, les Tables de la Loi.

Contrairement aux autres quartiers de la ville, pas une lumière, ici. L'interprète me dit : « Oui, ce quartier est vide, les Polonais n'ont pas osé s'y installer depuis la fin de la guerre. Aujourd'hui, c'est un refuge de voyous, de voleurs et de hooligans. »

Le lendemain matin, vers neuf heures, nous partons pour Auschwitz. La dernière étape. Une espèce d'angoisse. J'avais tellement peur du froid. J'enfile une paire de collants épais, et puis une deuxième paire de collants épais. Puis une chemise de laine, un pull-over, un T-shirt, deux gilets, un châle... À présent je sais que je ne me suis pas couverte par peur du froid. Je me suis couverte comme si j'allais rester...

Je suis comme une bombonne. Et il fait un temps splendide. Il ne nous reste que soixante-dix kilomètres.

Jusque-là, je gardais une certaine force. Mais au fur et à mesure que la voiture avance, je suis saisie par l'angoisse. Et soudain je vois apparaître le nom

« Katowice »... nous sommes à vingt kilomètres d'Auschwitz ! Ce nom, c'était le seul nom que nous avions pu lire en arrivant de France – est-ce que c'était moi, est-ce que c'était quelqu'un du wagon dans lequel j'étais ? Le convoi s'était arrêté dans une gare, et nous avions lu entre les planches des wagons à bestiaux : Katowice. Je commence à avoir peur. Peur de retrouver cet endroit. Je vois des fils barbelés. Ils sont toujours là. Auschwitz. Nous voilà à Auschwitz.

Mon père était à Auschwitz. Moi je n'avais jamais vu ce lieu. J'étais à trois kilomètres de là, à Birkenau. Nous descendons de la voiture. Il faut payer pour entrer. Chaque fois que je suis allée dans un camp, j'ai payé, quoi ! Ils ont planté des arbres, des fleurs. Pas les SS. Les Polonais, sans doute pour rendre cette partie du camp plus gaie.

L'interprète me dit : « Il y a des guides. » Je lui réponds : « Je n'ai pas besoin d'un guide. J'ai besoin de rien. Je connais. » Finalement nous prenons un guide. J'apprends que, deux jours avant l'arrivée des Russes qui ont libéré le camp de Birkenau, les Allemands ont fait sauter trente blocs pleins de vêtements, pour ne pas laisser de traces, parce que trop de vêtements ça veut dire trop de monde : d'où viennent tous ces vêtements ? où sont les gens qui les portaient ? Mais ils n'ont pas pu tout détruire. Je découvre alors ce musée... Une énorme pièce où est ménagé un passage pour circuler, et, derrière des vitrines, des milliers de prothèses, des jambes et bras artificiels – ceux des infirmes amenés là, une accumulation de vêtements d'enfants, de vieilles valises. Ces valises – on a coutume de dire que les Juifs sont riches –, c'étaient les plus pauvres valises du monde, toutes cabossées, avec des noms dessus, et moi regardant s'il n'y avait pas encore la mienne. À côté, des milliers de cartes d'identité, peut-être qu'il y a celle de mon père ? Et puis, le pire, des cheveux : de longues nattes qui ont dû faire la fierté d'une jeune fille ravissante, des mèches qui devaient être blondes, rousses, châtaines, brunes. Toutes, elles sont grises, aujourd'hui. Le temps a passé. Les jeunes gens qui portaient ces cheveux ne sont plus là, mais les cheveux ont vieilli sans eux. Ça c'est effrayant, effrayant.

Et des milliers de paires de lunettes, de chaussures en bois... J'ai pensé aux accumulations d'Arman : voilà sa source d'inspiration ! Peut-être qu'il ne le sait pas lui-même, peut-être qu'il a vu des films, peut-être rien, mais ce n'est pas par hasard. Je l'ai reconsidéré avec indulgence, Arman. J'ai pensé, oui, ça vient de là, cet homme a du talent.

Primo Levi a raison quand il dit que les vrais témoins sont absents. Ceux qui sont allés jusqu'au bout de l'horreur, qui en sont morts, ce sont eux les vrais témoins. Nous, nous avons eu de la chance, la Providence a été avec nous...

Cependant, mon impatience grandit. Pour moi, l'important, c'est de voir Birkenau. J'ai envie d'y aller à pied. Mais à quoi bon m'épuiser ? Et puis, je commence à avoir vraiment chaud. Il y a un superbe soleil. Effectivement, l'herbe est verte. Et moi qui porte toutes ces couches de vêtements ! L'interprète me propose un café, des rafraîchissements. Je dis : « Non, je ne veux rien. » Comme si j'avais envie d'avoir faim, d'avoir soif. Nous arrivons devant la porte de Birkenau. Nous laissons la voiture à l'entrée. Et tout de suite... il manque une partie des baraques. Celles en bois ne sont plus là. Elles étaient vertes, je me souviens.

Je cherche mon bloc. Nous pénétrons d'abord dans le premier camp, le Lager A, le camp des femmes, où nous étions en quarantaine avant d'être considérées comme véritables « Häftling[1] », c'est-à-dire être à peu près assurées de ne pas mourir dans les quinze jours. Ensuite nous passions au Lager B pour être affectées à un commando de travail. J'ai dit au guide : « Vous savez, j'étais au bloc 27B, le bloc le plus proche d'un des crématoires. J'avais le sentiment que je voyais tout. Je voyais les gens qui sortaient des wagons, ils se mettaient en rang devant les crématoires, ils entraient, les gaz, la fumée. » Il y avait cinq crématoires en tout, dont l'un, le premier, expérimental, à Auschwitz, et quatre à Birkenau, le dernier près du camp des Tziganes.

Une fois devant mon bloc, j'ai dit au guide et à l'interprète : « Maintenant je veux être seule. » J'ai pris une échelle, je suis montée dans ma coya[2], celle du haut. 1,90 m de large sur 1,80 m de long,

---

1. En allemand : détenu. (*N.d.É.*)
2. Coya : bat-flanc en rondins de bois et muret de briques. (*N.d.É.*)

cinq à dix personnes par coya. J'ai enlevé mon manteau, à cause de la poussière, et je me suis mise comme nous étions. Même pas à plat dos, il n'y avait pas assez de place, mais sur le côté, en chien de fusil. Et là, j'ai eu le sentiment d'être un rat. Je ne sais pas combien de temps je suis restée ainsi. Je n'avais pas envie de me lever. Mais je sentais qu'on m'attendait. Sinon, je serais restée des heures. Peut-être qu'il aurait fallu venir me chercher. Peut-être que j'aurais pu y rester des jours. C'était comme une deuxième mort. Qu'est-ce qui se passait en dessous, mon Dieu, quand il nous était interdit de sortir alors que nous étions malades, que nous avions besoin d'aller aux toilettes, qu'il fallait se cacher pour faire, pour ne pas faire sur les autres ? Autour de moi, je sentais à la fois le vide et le plein.

Dès que je suis rentrée dans le camp B, il s'est rempli de bruits et de fureurs et de violences et de musique et de coups et de visages et de gris malgré le soleil. Il était plein, plein de tous les gens qui étaient là, sans couleur, plus rien ne les distinguant les uns des autres, plein de ces kapos bien habillés, à la dernière mode, la mode du camp ! Et puis les chefs de camp et cette allée où il nous était interdit de marcher parce que c'était l'allée des chefs. Non, le camp n'était pas vide, il s'est rempli pour moi. Mais sur ma coya, oui, je me sens toute seule malgré la présence des autres, tous ces visages disparus que parfois j'identifiais à quelqu'un, souvent à rien, à des cadavres ambulants. Je n'ai jamais éprouvé aussi fortement le besoin de retrouver des sensations physiques.

Je m'assois dans les latrines. Tant de gens faisaient la queue devant chaque trou, et nous disions tout le temps : « *Hast du gemacht ? Hast du gemacht*[1] *?* » J'ai le désir de retrouver ces sensations, mais c'était tellement éphémère, à la fois elles étaient là et pas là. Dans cette déchéance-là, est-ce que je pensais ? Qu'est-ce que je pensais ? Est-ce que j'existais encore ? Est-ce que je n'étais plus qu'une bête bonne à jeter à la poubelle ?

Retrouver ce qui m'a tellement fait souffrir.

J'ai besoin de refaire les gestes, de grimper sur la coya, de me coucher dans un coin, comme si j'étais tête-bêche, de me mettre à l'appel. Oui, je me mets à l'appel, et là, je ressens un vide épouvantable. Devant le bloc. Là où nous nous mettions à l'appel. J'ai envie de défiler avant de franchir la porte pour aller au travail, de passer devant l'orchestre. Je me remémore les musiques que nous entendions, j'ai envie de défiler la tête bien tournée à gauche, cinq par cinq, avec tous les numéros... Mais il n'y a personne.

Je voudrais monter au sommet d'un des miradors et crier : « Je suis le numéro *fünf und siebzig tausend sieben hundert fünfzig*[2] et je suis vivante ! vivante ! » Un cri lancé aux bourreaux et aux fantômes de Birkenau. Le cri de la mémoire jeté à la

---

1. En allemand : « As-tu fait ? As-tu fait ? » (*N.d.É.*)
2. En allemand : 75750, le numéro de matricule de Marceline Loridan, tatoué par les SS à son arrivée à Birkenau. (*N.d.É.*)

face du monde. Mais il n'y a qu'un chien pour l'entendre.

Je voudrais marcher sur la route que j'ai construite, où j'ai chargé des wagonnets pleins de pierres, tiré ces wagonnets, porté ces pierres. Je marche le long des rails que j'ai posés, qui allaient vers le crématoire. Je marche, je touche les rails. Oui, à un moment donné, c'est comme si toute ma vie j'avais tiré des wagonnets, j'avais posé des rails, comme si soudain les wagonnets se raccrochaient les uns aux autres... Comme si d'Auschwitz à aujourd'hui... Comme si j'avais jusqu'à ce jour tout vécu en rupture : et les camps, et le retour, et la famille, et les voyages, et l'amour, mais sans continuité, sans jamais lier toutes ces étapes. Et soudain tous les wagonnets se raccrochent les uns aux autres, c'est comme un chemin...

C'est au plus profond du souvenir de mon humiliation, quand j'étais couchée dans ce bloc et que je me sentais redevenir un rat, que j'ai entendu une sorte de voix à l'intérieur de moi-même, une phrase qui m'avait été dite par une compagne que j'ai retrouvée trente-cinq ans plus tard. La voix disait : « Non, Marceline, tu n'étais pas un rat. Souviens-toi cette nuit de Noël, les Allemands avaient redoublé de sadisme, ils nous avaient mis des heures à l'appel dans la neige, tu nous racontais de si belles histoires. » Alors je lui ai demandé : « Quelles histoires ? Qu'est-ce que je vous racontais ? » Mais elle n'a jamais su me dire quelles histoires et moi-même je les ai oubliées.

La montagne aux roses

Mon vrai nom est Rozenberg, le nom de mon père. Quand je suis revenue des camps, après la guerre, c'était un nom vraiment dur à porter, parce que l'antisémitisme était très fort. S'appeler Rozenberg et avoir un numéro de matricule, cela faisait tout de suite juif. Je n'ai jamais pensé changer de nom, mais il se trouve que je me suis mariée avec Francis Loridan. J'ai trouvé plus facile de m'appeler Loridan, plus passe-partout. Plus personne ne me parlait de juif ou pas juif. Quand j'ai divorcé, j'ai demandé à Francis si je pouvais porter son nom, ce qu'il a tout de suite accepté. Pourtant, je garde le sentiment de le lui avoir un peu volé.

Je suis restée longtemps à ne m'appeler que Loridan. J'ai commencé à travailler à la télévision sous ce nom. Puis, en 1962, j'ai rencontré Joris Ivens. Nous nous sommes mariés en 1977. Il était difficile pour moi de m'appeler Ivens, nom d'un cinéaste célèbre. J'ai donc gardé Loridan. Revenir à Rozenberg, ça m'agaçait. En même temps, j'étais folle de rage contre mon frère aîné qui avait coupé le « berg » pour s'appeler Rosant. Il était un de ces Juifs qui avaient voulu se faire oublier, après la guerre. Un nom juif, c'était trop lourd à porter. Par exemple, mon oncle, qui s'appelait Gruczkiewicz, a transformé son nom en Grusq. Il y a un cirque Gruss, une famille juive, sans doute, ils ont dû couper quelque chose. Un autre de mes oncles a francisé Rozenberg en Rosembert. Non seulement il a supprimé le *z* et le *g*, mais il a remplacé le *n* par un *m* pour suivre la règle d'orthographe française.

Ce n'est qu'à la mort de Joris que j'ai juxtaposé le nom Ivens à celui de Loridan. À présent, je m'appelle Loridan-Ivens. J'ai pensé revenir à Rozenberg pour mon film, *La Petite Prairie aux bouleaux*. À quoi bon ? Personne ne me connaît sous ce nom, dans la profession. C'est comme si j'avais toujours été en quête d'identité, je n'ai jamais su quel nom utiliser. Sur ma boîte aux lettres, il y a les trois noms. Je suis Loridan, ou Ivens, ou Rozenberg, mais c'est la même personne. Sur mon passeport, je m'appelle Ivens, dite Loridan, née Rozenberg.

Rozenberg, en allemand, ça veut dire la montagne aux roses. C'est le nom de ma famille polonaise. Mon grand-père paternel était *sheureth*, autrement dit chargé de surveiller l'abattage rituel des animaux pour que la viande soit kasher. Il était payé en peaux de bêtes. Il les faisait tanner, et vivait de la vente de ces peaux. C'était un sage de la communauté juive de Łódź, la plus importante ville industrielle du centre de la Pologne, à l'époque. Il y avait là un million de Juifs. Ils avaient vécu les pogroms, l'occupation russe des tsars, les nombreuses vagues d'antisémitisme, de la part à la fois des Cosaques qui occupaient cette partie de la Pologne et des catholiques polonais. Mon père nous racontait comment, en 1900, les Cosaques descendaient dans la ville, tuaient les Juifs, brûlaient les synagogues. Les Juifs n'avaient pas le droit d'être propriétaires terriens. Il y avait des villages entiers de Juifs sans terre. Ils étaient bouchers, épiciers, maréchaux-ferrants. Certains d'entre eux arrivaient à devenir avocats. Une certaine catégorie sociale d'origine juive s'était assimilée petit à petit, avait accédé à la bourgeoisie polonaise. Ce n'était pas le cas de mes parents. Mon père était né dans un milieu assez traditionnel, et avait été élevé dans une *yeshiva* pour y étudier la pensée juive, le Talmud. Cependant, vers l'âge de seize ans, déjà, il avait commencé à transgresser. Le chapeau haut de forme et la canne étaient à la mode, chez les jeunes gens du début du siècle. Alors, le samedi, pendant le shabbat, mon père sortait en chapeau haut de forme et canne à la main, en cachette de son père.

Mes grands-parents du côté de ma mère étaient des commerçants en gros de produits exotiques. Ils vendaient des cacahuètes, des figues, des dattes, des oranges, diverses céréales. Des choses qui venaient d'ailleurs. Ils étaient à l'aise, sans être fortunés, et ma mère devait tout de même, nous racontait-elle, aller pieds nus à l'école pour économiser les chaussures. Mon père et ma mère étaient très fiers d'avoir fait un mariage d'amour. Pas un mariage arrangé, comme c'était la coutume à l'époque. À dix-sept ans, mon père était tombé amoureux de ma mère qui en avait seize. Et ma mère avait refusé de porter une perruque pour son mariage. Alors que sa mère à elle, comme toutes les femmes juives pieuses de l'époque, cachait ses vrais cheveux sous une perruque. Ils ont eu tout de suite un premier enfant : Hershenshel, qu'ils ont appelé Henri quand ils ont émigré en France.

Il existe une photo de l'enterrement de la mère de ma mère. On voit la tombe, et l'épitaphe en yiddish écrite en caractères hébraïques. Ça devait être dans les années 1930. Je ne connais personne, parmi les gens qui sont rassemblés sur cette photo, parce que je ne suis jamais allée en Pologne avant la guerre. Je suis incapable d'identifier le père de ma mère, le père de mon père. Je ne reconnais que ma mère et mon oncle Bill. Tous les deux étaient retournés en Pologne pour l'occasion.

Mon oncle, on l'appelait Bill, je ne sais pas pourquoi. Il est mort pendant la guerre. Résistant, il a été dénoncé par un agent double, et amené rue des Saussaies, à Paris. Un jour, pendant un interrogatoire, alors qu'il était seul avec un officier allemand de la Gestapo dont le revolver était posé sur la table, il s'est précipité sur le revolver, il a tué l'officier et s'est jeté par la fenêtre du quatrième étage. C'était un homme extraordinaire, je l'adorais. Il avait fait la guerre d'Espagne dans les Brigades internationales. Puis il est entré dans les premiers réseaux de résistance, lié à la fois à l'Orchestre rouge et au colonel Fabien, par la suite. Il était chargé, dans le sud de la France, de faire des sabotages de trains transportant des armes et des Allemands. Il a été arrêté en zone occupée, trahi. Au moment d'un parachutage sur Paris, depuis l'Angleterre. Quand il venait voir ma mère, sa sœur, il arrivait les bras chargés de pierreries et de jouets. C'était un cœur généreux.

J'aimerais bien aller à Łódź voir cette tombe. Il n'y a pratiquement plus de Juifs là-bas, à présent. Mais il y a toujours, comme ailleurs, un *gutek* qui rétablit les généalogies des familles disparues. Peut-être que je retrouverais des traces. C'est ce dont je souffre le plus aujourd'hui, en vieillissant : la perte d'une culture. La culture juive d'Europe centrale, celle de mes origines, de la *Mitteleuropa*, cette culture-là est morte. Je n'en ai rien saisi et elle me manque terriblement. Terriblement. Là-dessus, les Allemands ont gagné ; ils l'ont anéantie. Elle a été assassinée par les nazis, bien sûr, mais aussi par toute l'Europe, qui a été complice. Mon frère est allé à Łódź. Ce n'était pas la peine, nous a-t-il dit à son retour. Tous les papiers ont été brûlés, il n'y a rien. Tous les membres de notre famille sont morts, quarante personnes à Treblinka d'abord, et ceux qui étaient encore dans le ghetto en 1944 ont fini dans les chambres à gaz de Birkenau. Ils étaient dans le ghetto de Łódź, et tout le ghetto a été envoyé vers Auschwitz. Ce ghetto-là était très différent de celui de Varsovie. Un type s'était fait nommer roi du ghetto, un opportuniste terrible. Il avait même fait imprimer des billets à son effigie. Il a voulu être déporté en première classe et il est allé directement de la première classe à la chambre à gaz. C'est tout ce que je sais. Je me souviens de l'arrivée de ces transports, à Birkenau. On savait que c'était le ghetto de Łódź qu'ils étaient en train de vider. On le voyait aussi à la pauvreté de sa population.

Une amie m'a fait remarquer récemment que ma vie était placée sous deux noms aussi champêtres l'un que l'autre : la « montagne aux roses » et la « petite prairie aux bouleaux ». Je n'avais jamais fait ce rapprochement. En fait, j'ai appris récemment ce que Birkenau signifiait en allemand. *Birken*, c'est le bouleau, et *Au* la prairie. Nous savions que nous étions à Birkenau, mais nous ne connaissions pas le sens de ce nom. Sauf peut-être celles qui connaissaient l'allemand. Moi, Française, il m'a fallu cinquante ans pour découvrir le sens de ce mot. Je me souviens d'avoir été médusée : un nom si poétique pour un lieu si terrifiant.

J'aime les arbres, mais pas trop le bouleau. Le bouleau me renvoie à Birkenau. C'est un arbre face auquel je ne suis pas très à l'aise. Sauf s'il pousse dans les grandes plaines de Finlande, qui n'en finissent pas. En revanche, j'aime le frêne, le chêne. Plus Joris vieillissait, plus son corps nu m'apparaissait comme un vieux chêne, et je le trouvais d'une très grande beauté. Les gens qui ne voient pas la beauté du corps des gens vieux n'ont pas encore compris la vie. Cela dit, je suis, en ce qui concerne mon corps, d'une pudeur excessive. Il a changé et il me rend timide. À quel arbre ressemble-t-il ? Seul un autre pourrait me le dire. Je suis un petit tronc, peut-être un roseau pliant, devenu un peu fragile en vieillissant. C'est quelque chose que j'accepte. Savoir vieillir, c'est savoir faire son chemin jusqu'au bout. Le bout, on le connaît, il n'y a pas de bout. Alors c'est le chemin qui compte. J'ai beaucoup changé, mais je garde en moi des relents de ce que j'étais.

À Birkenau, je voyais les bouleaux, mais décharnés. Il n'y avait pas de feuilles. Il n'y avait pas d'oiseaux, ils s'étaient tous enfuis. Parfois quelques corbeaux. Mais ils ne croassaient pas. Les feuilles poussaient mal à cause des fumées, des cendres. Les crématoires étaient aux abords de la forêt, et la nature en était profondément blessée. Il n'y avait pas d'herbe, non plus. Que de la boue. Tout était piétiné. Ces arbres décharnés nous ressemblaient. Ils étaient petits et piteux, ils étaient comme nous, ils souffraient aussi à leur façon.

Quand je suis revenue la première fois, cinquante ans plus tard, j'ai trouvé des arbres très beaux, tous ces bouleaux magnifiques, cette forêt pleine du chant des oiseaux, où il s'était passé tant d'horreurs. Cette nature qui était là, qui a tout vu et qui a repris vie. L'herbe repousse plus grasse et plus verte, avec tous ces cadavres enfouis. Ça crève le cœur de voir comment la nature reprend ses droits. Aujourd'hui, on peut même apercevoir des renards installés dans les ruines des crématoires.

Quant à la montagne aux roses, je n'y suis jamais allée, j'ignore où elle se trouve, si même elle existe. Mais je me souviens d'une rose, inoubliable. Joris était extrêmement malade. C'était la fin. Je suis allée le voir aux soins intensifs. Il était lucide, mais il ne pouvait pas parler. Il écrivait beaucoup, d'une main tremblante. Sur le chemin, je ne sais pas pourquoi, je lui ai acheté une rose. Il ne pouvait pas la prendre dans ses mains. Il l'a attrapée tant bien que mal, empêtré dans ses tubes. Il l'a regardée avec une intensité que je n'oublierai jamais, comme si toute la vie passait à travers cette rose. Puis il l'a rejetée avec une violence inouïe.

Les langues secrètes

Mon père avait dix-neuf ans quand il a décidé de partir, laissant derrière lui sa femme et son premier enfant. C'était en 1919. La Pologne, auparavant partagée entre la Russie et l'Allemagne, venait juste d'obtenir son indépendance grâce au traité de Versailles. L'antisémitisme y sévissait depuis toujours, ses manifestations les plus violentes étant les pogroms. Ça ne s'arrangeait pas : le tout premier président de la République avait déclaré qu'il y avait trop de Juifs en Pologne, que deux millions et demi d'entre eux devaient partir. Une vague d'émigration s'est ensuivie, vers l'ouest de l'Europe et vers l'Amérique. Mon père était conscient qu'il n'avait pas d'autre avenir en Pologne que la pauvreté. Éduqué dans une *yeshiva* ainsi qu'à l'école polonaise, il connaissait bien la culture juive, mais en même temps, il était déjà dans la modernité, imprégné des nouvelles idées sionistes.

Deux des frères de mon père ont également émigré, l'un en Palestine, l'autre en France. Et deux frères de ma mère. Chez les Juifs de Pologne, les familles étaient nombreuses, souvent de huit ou neuf enfants. Dans les années 1920, les vieilles générations poussaient leurs fils à s'en aller, ça devenait trop mauvais.

Oswiecim – que les Allemands ont germanisé plus tard en Auschwitz – était alors un nœud ferroviaire, la grande gare de transit vers l'ouest de l'Europe. Tous les gens qui émigraient de Varsovie, Łódź, Lublin passaient par Oswiecim. C'était une véritable plaque tournante. Ce n'est donc pas un hasard si les nazis y ont construit leur plus grand camp d'extermination.

Ainsi mon père est-il passé une première fois par Auschwitz en route vers la France, terre d'accueil et de liberté. Et vingt ans plus tard, les miliciens français l'ont renvoyé à Auschwitz. Quel terrible aller-retour ! Quel vertige mon père a dû éprouver quand il a compris que le train de Drancy l'avait ramené à la case départ ! Tous les trains mènent à Auschwitz... Encore aujourd'hui, j'ai du mal, avec les trains. Je n'aime pas les gares ni prendre le train. Même le TGV en première classe.

En 1919, mon père s'est d'abord arrêté en Allemagne, cette Allemagne des années 1920 dont le développement culturel le fascinait. Il y a trouvé une liberté réelle, très nouvelle pour lui qui venait d'un pays où l'oppression des Juifs était quotidienne. La rumeur voulait que les Juifs allemands soient les plus assimilés d'Europe. Et c'était vrai.

Puis il a continué vers la France. Il cherchait un endroit où sa famille et lui pourraient vivre décemment. Il y avait eu l'affaire Dreyfus, mais aussi la réhabilitation de Dreyfus grâce au courage d'Émile Zola et d'un certain nombre d'intellectuels français. Mon père avait lu Balzac et Zola traduits en yiddish. Beaucoup de Juifs s'arrêtaient alors en France et disaient : « Heureux comme Dieu en France. » Pourtant, il y avait des antagonismes entre les Juifs français et les Juifs étrangers. Pour les Juifs français, c'étaient les Juifs étrangers qui nourrissaient l'antisémitisme parce qu'ils étaient pauvres. Mes parents, certes, sont arrivés très pauvres – même sans rien, avec pour seul bien leur seule force de travail et leur intelligence. La France n'aurait dû être qu'une première étape sur la route de l'Amérique ou de la Palestine. Mais comme cette première étape était extraordinaire par comparaison avec la Pologne, ils se sont dit que s'ils partaient trop loin, ils ne pourraient pas retourner voir leur famille. Alors ils ont choisi de s'installer en France.

Ils étaient considérés comme « apatrides ». C'était très compliqué d'obtenir un visa, mais les frontières se franchissaient beaucoup plus facilement qu'aujourd'hui. Ma mère était bobineuse et mon père manœuvre dans la manufacture des Coton DMC, à Belfort. À l'époque, les lois sociales étaient encore rudimentaires et la vie des ouvriers très difficile. Mes parents ont économisé autant qu'ils ont pu, se nourrissant de pommes de terre et de harengs. Mon père a acheté une charrette et fait les marchés, pour mieux gagner sa vie. Puis ils ont fait venir leurs deux enfants restés en Pologne. La mère de ma mère est venue à son tour, mais elle n'a pas aimé. Elle était très pieuse. Elle portait encore une perruque. Ma mère, je l'ai dit, s'était mariée sans perruque. Mes parents étaient dans la modernité.

Mon père a vite appris à parler le français. Il avait un accent, mais il le parlait bien. Entre eux, mes parents parlaient yiddish, polonais, russe. Et il y avait à la maison des livres yiddish écrits en caractères hébraïques. C'étaient les langues secrètes. À nous, ils parlaient en français, parce qu'ils voulaient que nous soyons de vrais Français. Français avant tout. Du coup, je me sentais bizarre, comme une étrangère dans ma propre famille. Est-ce qu'ils étaient vraiment mes parents ? Pourquoi je ne comprenais pas ce qu'ils disaient ? Comment étais-je tombée dans cette famille dont les membres parlaient des langues mystérieuses ? Je partais dans des idées folles. De plus, ma mère ne faisait pas de confitures. J'enviais les filles dont les mères faisaient des confitures. J'avais envie de normalité.

Mon père nous chantait des chansons en yiddish. Il avait tout un répertoire ironique sur les rabbins bigots : « *Cha cha di rébbé guy !* (Taisez-vous, le rabbin arrive !) » Ma mère chantait aussi parfois, mais elle ne venait pas nous bercer le soir, ce n'était pas son genre. Quand je n'arrivais pas à dormir, peut-être que je me masturbais. Je me souviens de pratiques curieuses, très jeune. Et les peluches jouaient un rôle très important dans cette affaire. J'avais un très gros ours, jaune, monté sur quatre roulettes. Je me revois, petite, grimpant sur cet ours. Mais il était trop grand pour dormir dans mon lit.

Parfois, je m'enfermais dans les toilettes. Je me disais : « Oui, je vais boire un encrier, je serai malade et comme ça, ils seront très malheureux. » Ma mère était dure avec ses enfants. Surtout avec ses filles. La nuit, quand je souffrais des dents, c'était mon père qui se levait et me prenait dans ses bras. Il chauffait des mouchoirs sur le poêle et les posait sur mes dents pour calmer la douleur. C'était toujours lui qui se levait la nuit.

Le dimanche, ma mère cuisinait des plats juifs. Comme toute la semaine elle était au travail, une femme polonaise s'occupait de nous, une bonne catholique qui s'appelait Caja. Ma première langue a donc été le polonais. Mais le polonais, je l'ai surtout appris plus tard, au camp, avec l'allemand. Aujourd'hui encore, j'ai une certaine familiarité avec cette langue. Je capte des mots, mais je ne peux pas dire que je la comprenne. Dans le camp, entre Françaises, nous parlions français. Autrement nous tâchions de nous faire comprendre des autres comme nous pouvions. La communication était très difficile. Il est né un argot des camps. Par exemple le mot « organiser », c'était voler. Il y avait des mots concentrationnaires, mais pas une langue. La langue imposée, c'était l'allemand. Nous étions supposées comprendre quand on appelait nos numéros. C'est pourquoi nous apprenions un peu d'allemand par cœur, au moins nos numéros. Pour inventer une langue secrète dans le camp, il aurait fallu être bien plus en forme que nous ne l'étions. Nous étions trop diminuées. Parler n'avait presque plus de sens.

Enfant, je voyais mon père lire des livres dont je ne comprenais pas l'alphabet. Il lisait le yiddish en lettres hébraïques. Je le vois encore sous cette lampe de la petite salle à manger, penché sur un livre. Moi je lisais *Sans famille* d'Hector Malot, *Les Misérables* de Victor Hugo. Mais je ne me rendais pas compte que mes parents avaient tout quitté pour venir en France. Ils ne voulaient rien nous transmettre de la Pologne.

Pourtant, ils étaient restés très liés à leurs familles. Je sais que mon père envoyait de l'argent, des vêtements, tout ce qu'il pouvait. Un jour, au début des années 1930, il a gagné à la Loterie nationale, et il a décidé d'utiliser cet argent pour aller en Pologne en voiture avec son fils aîné, alors âgé de treize ans. Ils ont traversé l'Allemagne nazie, tapissée de drapeaux à croix gammée et de banderoles : « À mort les Juifs ! »

Oui, pour mes parents, la France était leur pays, celui de la liberté. Ils avaient quitté l'autre pour toujours. Il fallait s'adapter le plus vite possible à ce nouveau monde. Faire de leurs enfants de vrais Français, sachant qu'ailleurs, c'était fini. Pour mon père, le départ a dû être à la fois une grande libération mais aussi une immense blessure. C'est seulement à présent que j'en prends conscience. Il ne s'est jamais confié à moi là-dessus. Ce qui est terrible, c'est qu'on l'a renvoyé dans ce pays où pour lui tout était fini. Pour l'anéantir.

Sous le signe du feu

Je suis donc née il y a soixante-dix-huit ans. À Épinal. Le 19 mars 1928, à trois heures du matin. Il paraît que je hurlais si terriblement que les voisins se demandaient pourquoi on tuait un canard à une heure si tardive. À cette époque, on accouchait encore à la maison. Je suis née tout de suite rouquine, et tout de suite mon père m'a donné un nom français : Marceline. J'ai aussi un nom yiddish, Meriem. Plus exactement un nom hébreu, Myriam, qui paraît-il serait formé de *Mir*, la myrrhe et de *Yam*, l'océan. Mais Myriam, ce n'était pas assez français pour mon père. Aussi, quand il est allé à la mairie, il m'a déclaré sous le nom de Marceline. Il a sans doute cherché dans le calendrier des postes.

Je suis donc née rouquine, gauchère, juive et sous le signe du dragon. Je suis ravie d'être un dragon. C'est le symbole du souffle, du feu, du grand ébrouement des éléments. En Chine, il y a cinq dragons, un pour chacun des cinq éléments. Par exemple, le dragon accroché au-dessus du canapé de mon salon, c'est le dragon du vent. Une œuvre de Hoang Yong Hiu, un célèbre artiste chinois qui l'a peinte pour Joris, pour ses quatre-vingt-cinq ans. On voit le dragon lancé dans un mouvement contre le vent. Et moi, je suis tout en haut de la peinture, la petite danseuse poursuivie par le dragon. Joris était scorpion, mais il se conduisait comme un dragon : il était normal qu'il me pourchasse. Comme dans l'histoire du scorpion et de la petite grenouille. Un scorpion est au bord de la rivière, il aimerait bien traverser mais il ne sait pas nager. Il aperçoit alors une petite grenouille tout à fait à l'aise dans l'eau. Il lui dit : « Oh, petite grenouille, sois gentille, prends-moi sur ton dos pour me faire traverser la rivière. » La petite grenouille lui répond : « Ah, non ! Il n'en est pas question ! Je te connais, je vais te prendre sur mon dos, tu te tiendras bien, et tout d'un coup, ce sera plus fort que toi, tu me piqueras et nous coulerons tous les deux. » « Non, non je t'en prie, je ne ferai jamais une chose pareille ! » Or la gentille petite grenouille finit par se laisser attendrir. Elle prend le scorpion sur son dos, nage, nage, tout va bien, tout va bien. Puis, soudain, alors qu'ils sont au milieu de la rivière, le scorpion pique la grenouille. Ils vont mourir. La grenouille dit : « Tu vois, je t'avais bien dit que tu me piquerais ! » Et le scorpion lui répond : « Que veux-tu, c'est dans ma nature ! »

Cette histoire, c'est Orson Welles qui la raconte, dans *Monsieur Arkadin*. Dans ce même film, M. Arkadin est dans un cimetière, devant des tombes dont les dates sont bizarres. Par exemple, Alenson 1953-1960. Goldman 1948-1950. Des dates proches l'une de l'autre, de trois, quatre, vingt ans au plus. Il interroge l'homme qui l'accompagne : « C'est très curieux ce cimetière, les gens meurent donc si jeunes dans ce village ? » Alors l'homme lui répond : « Pas du tout, c'est le temps qu'a duré une amitié. »

J'ai rencontré Orson Welles en 1974, quand Joris et moi montions notre série de films sur la Chine : *Comment Yukong déplaça les montagnes*, avenue du Maine, à Paris. Dans la salle d'à côté, Orson Welles montait *Vérités et Mensonges*, un film extraordinaire sur les faussaires, sur le mensonge de l'art. Joris et lui se connaissaient très bien, depuis la guerre d'Espagne, en 1937. Orson Welles avait enregistré un commentaire pour *Terre d'Espagne*, et il avait été furieux que Joris le refuse. Joris avait préféré la voix d'Hemingway. Il trouvait que celle d'Orson Welles était trop pessimiste, qu'elle annonçait la défaite des républicains. De plus, Orson Welles n'arrivait pas à cadrer sa voix sur l'image, elle dépassait toujours, c'était inutilisable. Mais ils étaient restés tout de même de bons amis.

Ce dragon a passé de longues années dans la chambre de Joris, sans être fixé. Simplement posé sur le radiateur. Puis un jour, j'ai fait repeindre le salon, tout en blanc. J'ai mis des choses un peu kitch au mur, une peinture sur verre de Java représentant un beau vieillard assis sur une chaise, qui parle aux animaux. Récemment, j'ai accroché le dragon, pour voir, et il va très bien. Il est une présence de Joris, puisque j'ai du mal à mettre des photos, même quinze ans après sa mort. Je ne supporte que des images sublimées ou des métaphores. Comme ce dragon du vent. Joris était asthmatique. Toute sa vie, il a filmé les éléments : la pluie, le vent, l'eau. Il m'a laissé le feu.

Michel

Quand ma mère a accouché de mon petit frère, elle était malade, et le bébé est venu au monde avec une jaunisse. Mes parents l'ont appelé Michel, Michael. Il est né en mai 1937. Je me souviens encore de sa circoncision. Nous habitions alors à Nancy, dans un superbe appartement, très grand, avec des pièces en enfilade. Mon père avait ouvert une fabrique de tricots, et – est-ce un mythe que je me raconte, ou un faux souvenir ? – il s'était rendu célèbre en étant parmi les premiers à fabriquer mécaniquement des jacquards. Le jacquard était jusque-là le monopole des soyeux de Lyon. Mon père avait fait venir de nouvelles machines de Suède, et il gagnait très bien sa vie en fabriquant des pull-overs bon marché. En 1931, il avait reçu le diplôme de la foire de Nancy – que j'ai toujours, quelque part, dans un cadre.

Le jour de la circoncision, mes parents avaient préparé des *gefilte fish* et des *kreplers* pour la soupe. Il y avait énormément de monde, et dans la dernière chambre à coucher, il y avait ce petit bébé à qui on faisait sucer du sucre et qui gueulait comme un veau parce que ça devait tout de même lui faire mal. Et ma mère qui pleurait. Michel avait dix ou quinze jours, pas plus. En grandissant, il s'est mis à aimer son père comme un fou. Et son père l'adorait. Des cinq enfants que nous étions, trois filles et deux garçons, il est celui qui a le plus souffert de la séparation d'avec notre père, je crois bien. Il avait deux ans au début de la guerre. Il n'a pas été déporté. Il est resté caché, avec ma petite sœur, Jacqueline, sous une fausse identité. Ma sœur m'a raconté qu'ils étaient dans les Cévennes, chez des paysans très pauvres chez lesquels ils mouraient de faim. Ils portaient un faux nom et devaient aller à l'église tous les dimanches. Déjà, là où Jacqueline, Michel et moi avions été cachés en octobre 1940, à côté de Lyon, nous avions appris les prières catholiques. Je les connais encore par cœur. Et il m'est arrivé, autour de l'an 2000, une aventure à ce sujet. Des amis ont fait baptiser à l'église Saint-Sulpice leur petit garçon, qu'ils venaient d'adopter. Nous étions là une trentaine de personnes, cinéastes, acteurs... et autres. Lorsqu'il a fallu reprendre les prières dites par l'officiant, j'ai été la seule à ouvrir la bouche. Je les ai récitées sans une faute sous l'œil effaré de cette assemblée de « mécréants ». Plus tard, le curé est venu me demander si j'étais pratiquante. « Non, non, je suis juive », lui ai-je répondu. Il était déconcerté.

Après la guerre, ma mère a essayé de mettre Michel à l'école, mais on n'a pas pu le garder parce qu'il restait dans un coin sans parler à personne. Le lendemain de mon mariage avec Francis Loridan, il a fait une tentative de suicide. Soudain il n'était plus là, nous le cherchions partout. Nous avons reçu un coup de téléphone de la police : « On a repêché votre frère. » Il s'était jeté dans la Seine. Il avait été transporté à l'hôpital Saint-Louis, dans le secteur psychiatrique. Il était attaché aux montants métalliques du lit, dans une pièce fermée.

Plus tard, ça s'est encore aggravé ; il est devenu hypomaniaque. C'est ce qu'aujourd'hui on appelle avec beaucoup de pudeur une maladie binaire, parce que les crises d'excitation sont suivies de crises de dépression. C'est venu petit à petit. Mon frère passait d'un mutisme total qui pouvait durer des mois, à des périodes d'excitation maniaque. Il devenait soudain très dépensier, ou bien d'une imagination délirante, inventait des histoires incroyables. Il achetait des Mercedes avec des chèques sans provision, mais comme il était très beau gosse et baratineur, il savait y faire. Les gens le croyaient. Il allait dans les restaurants et partait sans payer ; il se faisait arrêter pour grivèlerie.

Mais ce n'était pas un bandit. Il se faisait payer à lui-même la souffrance de son père. Il cherchait, de façon inconsciente, à revivre les épreuves que son père avait traversées, dont l'enfermement. Dans les années 1970, il a été incarcéré à la Santé pour détention de quelques grammes de hachisch. Il s'était rasé la tête, il suivait une grève de la faim pour protester contre les conditions terribles d'incarcération. Il a été transféré à Orléans où il a continué sa grève de la faim. Il a fallu l'hospitaliser. Simone Veil, qui était alors membre du gouvernement, a été formidable. L'histoire de mon petit frère la bouleversait. Une histoire terrible. L'histoire d'un enfant qui ne supporte tellement plus d'être juif que, pendant ses crises de démence, il se prend pour un nazi. C'est affreux, affreux. Il disait qu'il était un enfant qui avait été changé de berceau à la naissance, qu'il n'appartenait pas à cette famille, qu'il ne s'appelait pas Michel Rozenberg, mais Rodolf von... je ne sais plus quoi. Il prenait un nom allemand à particule, il laissait sur mon répondeur des messages par lesquels il nous envoyait en camp, Simone et moi. « Vous prendrez le train numéro tant à la gare untel... vous serez déportées au Brésil. » Il avait gravé une croix gammée sur ma boîte aux lettres. Et s'était fait tatouer le sigle SS sur l'épaule. Lorsque Joris et moi tournions en Chine *Comment Yukong déplaça les montagnes*, il m'envoyait des télégrammes dans lesquels il insultait les Chinois. Je devais leur expliquer : « Mon frère est malade, ne tenez pas compte de ce qu'il dit. »

Je m'en suis beaucoup occupée. J'allais de médecin en médecin. Mon petit frère a été arrêté plusieurs fois, placé en hôpital psychiatrique. Il vivait ces internements forcés comme une déportation. Il a été à Sainte-Geneviève-des-Bois, puis à Villejuif où un médecin l'a mis face à ses réalités. Et cela l'a conduit au suicide.

J'ai souvent pensé que c'est mon père qui aurait dû revenir. Pas moi. Le père était beaucoup plus important, pour cette famille. Une sœur de plus ou de moins, quand il y a cinq enfants... Cette pensée m'a longtemps tourmentée. Si mon père était revenu, quel que soit son état, tout cela ne serait jamais arrivé.

Michel était un enfant caché de la guerre. Et son histoire tragique est elle aussi une histoire cachée de la guerre. Cette guerre qui, quand elle ne tuait pas les gosses, les déglinguait des années plus tard, jusqu'au suicide. Michel répétait qu'il mourrait à l'âge de son père. Effectivement, il est mort à l'âge de son père. Trente-neuf ans. Il a laissé un mot à sa famille : « Je vous demande pardon d'être né. »

C'est un rêve

Je suis à New York ou dans une très grande ville faite de gratte-ciel, dans un quartier où tout est couleur bordeaux. Je quitte une chambre d'hôtel bordeaux, je sors dans la rue en traînant une très lourde valise et je me perds parce que tout est bordeaux. J'arrive enfin à l'immeuble où je devais me rendre, je monte les étages, il n'y a que des cases bordeaux, des portes bordeaux. Alors je ressors dans la rue, bordeaux elle aussi, je ne retrouve plus mon chemin. Je passe par des toboggans au bord de l'eau, tout est bordeaux. Et je me perds ainsi de plus en plus dans le bordeaux de moi-même.

L'exode

Petite, déjà, je savais que je n'étais pas d'ici, que je n'étais pas comme les autres. Rien qu'à cause de mon nom. Je m'appelais Rozenberg et pas Dupont. À l'école, il y avait bien des Juives françaises, mais elles ne me fréquentaient pas. C'étaient des filles d'avocats ou de représentants d'assurances, et ces gens ne nous recevaient pas chez eux. Ils s'appelaient Nordon, Hecker, Levy, des noms d'origine alsacienne ; ils étaient là depuis des siècles. Ils refusaient de se mélanger à nous parce que nous étions des Juifs émigrés, des apatrides, des pauvres, ceux qui, d'après eux, apportaient l'antisémitisme en France. J'ai été reçue une seule fois dans une famille juive française bon teint. J'ai été frappée par la propreté de leur maison. Il fallait mettre des patins pour circuler d'une pièce à l'autre.

Mes parents n'étaient pas pieux, mais nous célébrions les grandes fêtes juives, et mon père allait à la synagogue tous les samedis, même s'il travaillait ce jour-là. Mon frère aîné avait fait sa bar-mitsva, mais c'est tout.

Mon père était un homme très occupé ; nous le voyions peu. Il partait parfois à quatre heures du matin, rentrait le soir, ou disparaissait plusieurs jours pour travailler. Nous ne comprenions pas bien ce qu'il faisait. Les enfants, il les aimait beaucoup puisqu'il en a eu cinq, et disait souhaiter en avoir plus. Ma mère aurait pu en avoir sept. Je ne sais pas ce qui s'est passé pour les autres. Est-ce que c'étaient des fausses couches ? Est-ce que c'était voulu ? Ce qui est sûr, c'est que, pendant la guerre, à Bollène, il y a eu une histoire de lapin. Je crois que c'était sur le lapin qu'on faisait les tests pour savoir si ma mère était enceinte ou pas. Je ne comprenais rien. Je savais seulement qu'il fallait trouver le bon lapin. Mon père aurait voulu encore plus d'enfants, mais il n'avait pas le temps de s'occuper de nous. Je me rappelle tout de même nos balades du dimanche. Au printemps, nous partions en voiture dans la région d'Épinal, au bord des rivières, nous allions manger de la petite friture. Et quand le temps était maussade, nous allions au palais de la bière manger des bretzels. Ou bien au cinéma. Mon père adorait les films de Charlot et moi Shirley Temple. Aimer les autres, se conduire bien, être poli, bien travailler à l'école, telles sont les valeurs qu'il nous a transmises, des valeurs que tous les parents devraient transmettre à leurs enfants. Mais sur le judaïsme, peu de chose. Sans doute pensait-il le faire plus tard. Il n'en a pas eu le temps.

Nous avons été élevés à la dure, sans chauffage. Cela m'a beaucoup servi, par la suite. J'ai d'abord vécu dans les Vosges où il fait très froid l'hiver, puis nous avons emménagé à Nancy, où nous sommes restés de 1929 à 1937, avant de retourner à Épinal de fin 1937 à 1940.

Pour les vacances scolaires, mes parents nous envoyaient à la campagne, à Longemer, près d'Épinal, chez des paysans d'origine alsacienne, les Duranberger. Ils avaient des vaches, des prairies. Nous vivions confinés dans une vaste cuisine, entre la pierre à eau, la grande cheminée et une immense table longue ; comme les employés de la ferme habitaient là aussi, nous mangions tous ensemble. Il y avait Béber, un fils de la famille, Toto un enfant abandonné, et Jean-Jean, un cousin. Il y avait aussi le grand-père, qui travaillait à l'usine de blanchissage des draps sur prés. Nous, les gosses, nous faisions un kilomètre et demi à pied pour lui apporter le pot de camp encore tout chaud, pour son déjeuner. L'usine était dans le bas d'une colline, à la sortie d'un hameau. J'étais fascinée par ces taches blanches sur les prés. Le soir, quand le grand-père rentrait, il buvait beaucoup, mais il n'était pas violent, si ce n'est en paroles. Il fallait se mettre à deux ou trois pour lui retirer les bottes, parce qu'il était trop vieux pour les enlever tout seul. Et ça sentait mauvais, c'était terrible.

Il y avait aussi ce qu'on appelait la « souillarde », une espèce de débarras. Et puis la « chambre ». Elle était interdite et toujours fermée à clé. C'était la plus belle pièce de la maison, chez la grand-mère Duranberger. Elle était perpétuellement plongée dans le noir, sauf quand mes parents ou de la famille venaient. On y rangeait les pots de confiture, au-dessus d'une armoire.

La grand-mère fabriquait des fromages de Munster. Elle les faisait sécher sur des clayons en bois, puis vieillir à la cave. Et chaque semaine, elle parcourait six kilomètres à pied pour aller les vendre au marché.

Juste devant la porte de la ferme, se dressaient de gros tas de fumier. Nous vivions toute la journée dans cette odeur. Et la nuit, pour aller aux toilettes, il fallait sortir jusqu'à une petite cabane en bois dont on vidait régulièrement les excréments pour fertiliser le sol. Et là j'avais très peur. D'autant plus que le dénommé Béber était un peu arriéré. Une nuit, sur le chemin de la cabane, il m'avait agrippée et mis son sexe dans la main. J'avais couru en hurlant jusqu'à la ferme. Je devais avoir dix ans.

Nous avions tous des poux. Beaucoup de poux. Quand ma mère venait nous voir, elle s'occupait de nous épouiller. Elle prenait un grand journal et un peigne à poux. Elle nous tirait les cheveux pour en arracher les poux, et nous mettait de la Marie-Rose pour tuer les lentes. Elle administrait le traitement non seulement à ses enfants, mais à tous les autres, faute de quoi, ça recommençait. En fait, ça recommençait toujours.

La nuit, comme il faisait froid, nous dormions avec des bouillottes, des bouteilles de limonade remplies d'eau chaude, ou des briques chauffées sur le poêle à bois.

Finalement, j'étais bien à Longemer. Je gardais les vaches, j'attrapais des grenouilles dans les rigoles, et les scarabées, je leur arrachais les pattes pour les mettre dans des boîtes. J'étais cruelle comme le sont les enfants de la campagne. Nous allions voler les cerises du garde forestier, cueillir des brimbelles – des myrtilles – dans les bois en septembre, et, en mars, des jonquilles dans les prés pour les vendre sur la route, aux automobilistes.

Puis les Duranberger sont devenus antisémites. C'est dans les années 1938-1939 que cela a commencé : « Les Juifs, les Juifs, les Juifs... » Ils le disaient tout fort, ils ne le cachaient pas.

Les Allemands sont arrivés. L'exode a commencé. En juin 1940. Nous avons couru sous les bombardements, un mois durant, mais pour la gamine que j'étais, c'était comme une aventure. Et nous sommes arrivés à Limoges. J'ai des souvenirs de grand bonheur à Limoges. Nous vivions à douze dans une pièce, plusieurs familles ensemble. Il était si difficile de se loger. Tout de suite, les Juifs émigrés de différentes régions de France se sont organisés pour encadrer les enfants, pour que nous ne traînions pas dans la rue. Nous apprenions des chansons en hébreu. Je vivais dans le bonheur de cette chaleur communautaire. Mais cela n'a pas duré, nous avons dû partir ailleurs, plus au sud, toujours plus loin. À cause de l'avancée des Allemands. Pour ne pas rester dans les zones occupées.

Nous sommes arrivés à Lyon où nous avons habité à l'hôtel des Terreaux, derrière la place. Michel avait trois ans, Jacqueline six ou sept, et moi onze ou douze. Mes parents se sont demandé quoi faire, avec tous ces enfants. Ma sœur aînée était beaucoup plus grande. Elle avait déjà dix-sept ans. Et elle était tombée amoureuse d'un soldat français mobilisé, un garçon qui ne plaisait pas du tout à mes parents parce qu'il n'était pas juif, et qu'il venait d'un milieu pas convenable. Nous trois, les petits, nous avons été placés – ç'a été notre première cachette – dans une pension à Messimy, à une vingtaine de kilomètres de Lyon. C'était une maison pour enfants handicapés et gosses de prostituées. Nous et d'autres dans le même cas étions un peu mieux traités. Nous mangions à part. Mais mon petit frère pleurait beaucoup. Et quand il pleurait, pour le punir, on le mettait avec les gamins demeurés. Les gens qui tenaient l'établissement se faisaient de l'argent sur les gosses. Mes parents avaient payé très cher pour nous faire accepter. Mais ils pensaient que nous serions provisoirement protégés en attendant qu'ils trouvent une maison, quelque part, où nous réunir. C'est à ce moment-là, fin 1940, que mon père a acheté ce domaine.

Ma sœur aînée est venue nous chercher. Nous avons pris le train. Et quand nous sommes arrivés à la gare de Bollène, mon père était là, heureux de nous retrouver, avec un cabriolet anglais et un cheval blanc. Il m'a fait monter devant, à côté de lui. J'étais tout étonnée : un vrai cheval ! Je ne connaissais encore que les lourds chevaux de trait de Longemer. Et là il m'a dit : « Qu'est-ce que tu souhaites le plus au monde ? »

Je lui ai répondu : « Que nous soyons tous ensemble.

— Mais plus. Qu'est-ce que tu souhaites le plus ?

— Que la guerre soit finie, que nous ne soyons plus séparés.

— Il n'y a pas autre chose dont tu rêves ? Là où je t'emmène, tu vas voir, c'est comme un rêve. »

Je me souviens d'une route empierrée, puis d'une grande allée avec de hauts marronniers, et tout au bout une maison avec une tour. Mon père m'a dit : « Tu vois cette tour là-bas au loin, c'est là que nous allons habiter.

— Qu'est-ce que c'est ?

— C'est un château.

— Nous allons habiter dans un château ?

— Oui. Et pour la première fois de ta vie, tu auras une chambre à toi. »

Le château de Gourdon

Mon père avait acheté ce château à un général, le général Masselin, qui l'avait vendu parce que la propriété était difficilement rentable – de toute façon, il en avait un autre, plus au sud. Soixante hectares. Étant étranger, mon père n'avait pu acheter cette propriété à son nom. Les lois de Vichy contre les Juifs étaient déjà en vigueur. Il l'acheta donc au nom de mon frère Henri, devenu français à l'âge de dix-huit ans, comme c'était la règle à l'époque. Sa qualité de Français avait d'ailleurs valu à mon frère d'être mobilisé en 1939, et donc obligé d'interrompre ses études de médecine.

À Gourdon, mon père a découvert la culture des fruits, des légumes, de la vigne. Il fabriquait un côtes-du-rhône, le Château de Gourdon. Il tuait aussi le cochon, parce qu'il n'était pas *fröm*, pas pieux. C'était la première fois qu'il était vraiment heureux en France. Il avait enfin une vraie maison, avec tous ses enfants autour de lui. C'était LE lieu. Après, il n'y en avait plus. Mes parents avaient quitté la Pologne, et puis Nancy et Épinal. Tous leurs biens avaient été saisis, parce qu'ils étaient juifs... Nous étions des vagabonds depuis si longtemps.

Comme beaucoup de Français, mon père avait écouté l'appel de Pétain pour le retour à la terre. Il s'était dit : « Oui, si nous vivons retirés à la campagne, nous serons plus tranquilles. » Et puis, nous étions dans le Sud, dans la zone libre. Au début, il pensait qu'elle resterait libre définitivement. Le maire du village lui avait dit : « Ne vous inquiétez pas. » Nous avions des tampons sur nos cartes d'alimentation, et sur tous les papiers. Ils signalaient en grosses lettres : JUIF. Mais nous ne portions pas d'étoile car nous étions en zone libre. La première fois que j'ai mis l'étoile, c'est à Drancy. L'étoile jaune. Comment étions-nous acceptés par les paysans de Bollène ? C'est difficile à dire. Nous étions des étrangers, mon père parlait français avec un accent. Mais le maire et le commissaire du village lui avaient promis de donner l'alerte en cas de danger. Et ils l'ont fait. Ils l'ont prévenu quand on est venu le réquisitionner pour le travail obligatoire. Le commissaire était un résistant. Mais nous ne le savions pas à l'époque. Il a fini par être arrêté et déporté. Il n'est pas revenu.

C'est dans ce château que je suis entrée dans la rébellion de l'adolescence. À l'école, à Orange, nous étions un petit groupe de filles qui se proclamaient gaullistes. Tous les matins, quand il fallait lever les couleurs et chanter « Maréchal nous voilà ! », nous, nous chantions « Général nous voilà ! ». Une résistance d'enfant.

Mon père écoutait régulièrement Radio Londres. J'étais à côté de lui un jour où les Anglais disaient dans le poste qu'on massacrait les Juifs, qu'on les gazait dans des camions avec les tuyaux d'échappement retournés vers l'intérieur. Après la guerre, quand je suis revenue des camps, mon frère aîné qui, lui, revenait des Forces françaises libres, m'a dit qu'il avait lu tout cela dans les journaux de résistants, en Algérie, mais qu'il n'y avait pas cru, qu'il était persuadé que c'était de la propagande anglaise, que c'était exagéré. Par les gens qui passaient au château, mon père savait beaucoup de choses, beaucoup plus que ce que je pouvais imaginer.

J'ai bientôt été renvoyée de l'école d'Orange où j'étais pensionnaire, à vingt kilomètres de Bollène. Je tenais un journal, dans lequel je disais du mal de la surveillante générale et j'exprimais des opinions gaullistes. Je racontais aussi que j'étais amoureuse d'un garçon à qui je donnais des tickets de pain pour qu'il me fasse mes devoirs de maths. Je le retrouvais dans l'autocar qui nous ramenait d'Orange à Bollène tous les samedis. Parfois le train, parfois le car. Un omnibus. La surveillante générale avait une nièce qui était elle aussi pensionnaire, et qui dénonçait tout le monde. Elle a parlé de mon journal. Elles ont fouillé mes affaires, elles ont trouvé le cahier. La directrice, plutôt gaulliste, a convoqué mon père et lui a dit : « Votre fille va passer devant un conseil de discipline ; il vaut mieux que vous la retiriez tout de suite de l'école.

Dans la situation actuelle, les propos qu'elle tient dans son journal sont très dangereux. » Je n'ai jamais retrouvé ce cahier. Mon père a dû le brûler. Il ne m'a pas adressé la parole pendant deux mois tellement il était en colère. Comment avais-je pu écrire des choses pareilles dans un moment où les Juifs avaient tellement intérêt à s'écraser !

À la même époque, j'avais accroché dans ma chambre, au-dessus de mon petit bureau bleu ciel, des portraits de généraux que j'avais trouvés dans le grenier du château. Il y avait Foch, Hoche, Clemenceau, des généraux français dont je ne connaissais pas vraiment l'histoire, mais qui exprimaient mon esprit de résistance. Et sur le mur, j'avais crayonné des V de la victoire et des croix de Lorraine bleu, blanc, rouge. Ma chambre était petite, au deuxième étage, à côté de celle de Jacqueline. Il y avait un lit en fer pour une personne, une armoire et une fenêtre qui donnait sur un grand bassin où vivaient des carpes centenaires. Et une autre fenêtre qui ouvrait sur la cour intérieure. La nuit, parfois, je sortais dans le parc pour m'éprouver. Pour conjurer les cauchemars d'enfant. Pour me convaincre de ne pas avoir peur. Mais peur de quoi ? La peur du noir, la peur peut-être de ce qui pourrait arriver, car je savais qu'il y avait eu des arrestations dans la région. Pour apprendre à être forte, courageuse, je me levais, je sortais en robe de chambre, et puis je marchais dans le parc ténébreux, tremblante, en me répétant : « Non, tu ne dois pas avoir peur, non, il ne faut pas avoir peur, n'aie pas peur, n'aie pas peur ! » Je restais longtemps. Longtemps. Mes parents ne l'ont jamais su. Dans le parc, il y avait de très grands arbres, et un chemin qui menait justement vers cette porte par laquelle nous avons cru pouvoir nous échapper, mon père et moi, quand ils sont venus nous arrêter. Je m'efforçais de traverser ce parc, la nuit, sous les grands arbres, je m'enfonçais dans les broussailles pour apprivoiser cette peur qui était en moi, inexplicable, irraisonnée, incompréhensible. La peur de moi-même, peut-être.

Le bal des zazous

Malgré le climat de danger, mon père avait un sentiment de sécurité, dans son château. Il ne voulait pas en partir, alors que ma mère le suppliait de quitter la France. Ils n'auraient peut-être pas réussi, ç'aurait été très dur, surtout avec tant d'enfants. Le dernier bateau pour l'Amérique a quitté Marseille en 1942. Et franchir la frontière suisse était risqué.

La même année, en 1942, sont arrivés à Bollène des Juifs qui avaient fui Paris. Ils avaient été assignés à résidence dans cette municipalité, conformément aux lois antisémites. Nous, nous étions des habitants officiels parce que nous étions arrivés à Bollène en 1940, juste avant que les lois de Vichy ne deviennent effectives.

Il y avait parmi ces réfugiés beaucoup de jeunes gens. Modernistes, ils mettaient leur révolte dans leur mise. Ils étaient habillés zazou, avec des costumes à revers très larges, des vestes longues, des pantalons étroits. Les filles portaient des tailleurs avec les mêmes vestes longues, des chaussures compensées à semelles en bois, faute de cuir, et dessinaient sur leurs jambes nues la couture des bas qu'elles ne pouvaient pas avoir. Alors que mes vêtements étaient taillés par ma mère dans les lourds rideaux de velours, seul tissu disponible.

Ainsi, moi, petite fille de province enfermée dans ce château, j'ai découvert les zazous. J'étais en admiration devant ces jeunes gens et jeunes filles qui arrivaient de Paris, qui étaient modernes, qui aimaient le jazz. Ils avaient apporté avec eux des soixante-dix-huit tours. Le jazz était interdit, considéré comme une musique dégénérée. Mon père, lui, avait des disques d'avant-guerre, des slows. Il adorait Gershwin, Bernstein. Dans le jazz, ceux qui n'étaient pas noirs étaient juifs. Le show business américain était juif. Mais il était très difficile pour un Juif d'ouvrir un cinéma aux États-Unis. L'industrie cinématographique était alors à New York, entre les mains des protestants. C'était avant Hollywood. Les Juifs avaient le *spiel* dans le sang. Mais devant l'impossibilité de produire des films sur la côte Est, ils ont tous émigré sur la côte Ouest. Ce fut le début de la naissance du cinéma américain et du sens de l'épopée. C'était souvent des gens de gauche, pas forcément inscrits à un parti. Le maccarthysme a voulu casser tout ça.

Petite fille, je dansais déjà le slow, qui est né du jazz. Et j'avais ce cousin swing qui me faisait passer entre ses jambes : « Elle était swing, swing, swing, oh terriblement swing, swing, swing, je la trouvais divine, je devins son amant en deux temps trois mouvements. » Les zazous en étaient médusés. J'adorais danser avec mon père, qui dansait admirablement le tango. Le château se prêtait si bien à ces bals. Le hall d'entrée ouvrait d'un côté sur un grand escalier de marbre, et, de l'autre, sur un vaste salon que mon père avait formidablement bien installé dans le style des années 1930. Et puis il y avait son bureau, une salle de billard et une pièce peu utilisée qui donnait sur la cour intérieure où se trouvait la maison des fermiers.

C'est l'époque où j'ai lu *Le Grand Meaulnes*. Le général Masselin avait laissé beaucoup de livres, ainsi que toute une collection de *La Revue des Deux Mondes*. J'avais dû trouver ce roman dans une pièce quelconque du château. Mais est-ce bien à cette date ? J'ai un doute... Les années s'entrechoquent, je situe mal certains événements. Le fil de mes souvenirs a été violemment coupé par la déportation. Est-ce après ou avant que j'ai lu *Le Grand Meaulnes* ? Je sais que je lisais énormément, tout ce qui me tombait sous la main. *Le Grand Meaulres*, ce sont ces bals fantastiques dans un château mystérieux, ces élégants vêtus de redingotes à haut col et de pantalons à élastiques dansant avec des filles en jupes à grands volants sur un parquet crissant de sable et de gravats, ces couples esquissant un pas de deux, poursuivis par un grand pierrot blafard que Meaulnes reconnaît comme le bohémien qui, dans la nuit, devant la bergerie, accrochait les lanternes vertes... Oui, peut-être ai-je superposé notre vie de château aux bals fantastiques du *Grand Meaulnes* – c'était si incroyable, de vivre dans une demeure de vingt pièces avec une tour, pour moi qui arrivais d'un appartement de quatre pièces pour une famille de cinq gosses. Était-ce cela, l'histoire que je racontais cette nuit de Noël où les Allemands nous avaient mises à l'appel dans la neige et redoublaient de sadisme ? Ces bals du pierrot bohémien superposés au swing des zazous et aux derniers pas de danse avec mon père. Était-ce cela, les si belles histoires que j'ai oubliées ?

Extérieur jour –
parc du château de Bollène

Le propriétaire et Myriam sortent dans le parc et marchent à travers les grands arbres. La nuit tombe.

Soudain le propriétaire s'arrête. Myriam aussi, stupéfaite.

Devant eux, dans la lumière crépusculaire, se dresse une porte en bois ne donnant sur rien, sinon sur la douceur de la campagne provençale. La porte est encore encadrée par les pierres qui appartenaient à l'ancien mur d'enceinte du parc.

Le propriétaire : « Lors de la vente du château, votre mère m'avait raconté votre arrestation. Quand j'ai agrandi la propriété, il y a quelques années, j'ai abattu le mur, mais je n'ai jamais pu me résoudre à abattre la porte. »

(Esquisse de scénario pour *La Petite Prairie aux bouleaux*, version septembre 1996)

La robe de chambre blanche

L'arrestation a été brutale. Ils sont venus à douze. Ils sont passés par-dessus le maire et par-dessus le commissaire de police du village, qui ne leur étaient pas acquis. C'était la milice française de Bollène et d'Avignon, et la Gestapo, toute fringante, en noire. On était le 29 février 1944.

Mon frère aîné avait quitté la France en 1942 pour rejoindre les Forces françaises libres. Son départ avait été précipité par une violente dispute entre lui et mon père à mon sujet. Il ne cessait de me tourmenter parce que j'avais une épaisse chevelure rousse, que j'étais gourde et que je cassais tout ce que je touchais pour peu qu'on me dise : « Attention, Marceline, ne le prends pas, tu vas le casser ! » Mon frère, de dix ans mon aîné, s'emparait du moindre prétexte pour me tourner en ridicule. J'avais treize ans. J'étais à l'âge si fragile pour une fille, celui de la puberté, où l'on devient bête et hypersensible.

Ma mère lui avait donné deux cents dollars qu'il avait cachés dans ses chaussures. Arrivé à

Perpignan, un copain lui avait dit : « Tu devrais acheter des timbres, c'est pas lourd à porter, et ça peut t'aider. » Mon frère était donc parti avec ses deux cents dollars et les timbres dans ses pompes. Il avait été arrêté alors qu'il traversait les Pyrénées à pied, et emmené au camp de Miranda. Un des chefs du camp collectionnait les timbres. Il avait négocié les siens contre sa libération. Quant aux deux cents dollars, il avait tellement marché qu'ils étaient réduits en miettes par le frottement de son pied contre la semelle. C'est ainsi, sans plus un sou mais libre, que mon frère avait rejoint de Gaulle en Algérie, où il avait servi comme médecin auxiliaire.

Ce jour-là, Jacqueline et Michel n'étaient pas au château non plus. Depuis l'invasion de la zone libre par les Allemands, mes parents les avaient mis à l'abri chez une réfugiée de Paris, devenue fermière à Saint-Pierre. Ils pensaient qu'avec deux petits enfants, nous ne pourrions pas nous sauver. J'avais moi-même été retirée du pensionnat de Montélimar, la directrice ayant prévenu mon père qu'on venait prendre les enfants juifs dans les écoles. J'avais été placée à la campagne, chez des gens qui hébergeaient des jeunes qui fuyaient le travail obligatoire en Allemagne, en attente de rejoindre des maquis. Mais je ne supportais pas cette maison. Elle était tenue par un ancien colonel, qui en profitait pour exploiter les jeunes réfugiés. Je dormais dans le grenier, avec les souris, et tous les jours à quatre heures du matin, j'épluchais les légumes pour nourrir tout le monde. Après m'avoir laissée deux mois dans cette ferme, mon père m'avait dit : « Tu peux venir un week-end au château » – enfin, on ne disait pas « week-end » à l'époque, on disait « fin de semaine ». Une fois rentrée à Bollène, j'avais refusé d'en repartir.

Le matin du 28 février 1944, ma sœur aînée, Henriette, qui était dans la Résistance, était venue nous prévenir de ne pas dormir au château la nuit suivante. Et donc, toute la journée, mon père avait transporté des affaires dans la montagne, jusqu'à une maison abandonnée, pleine de punaises. « S'il arrive quelque chose, disait-il, il faut fuir par la porte dérobée au fond du parc. » Bollène était un village de cinq mille habitants, mais le château était à l'écart, à deux kilomètres du village. Dans l'après-midi, on m'avait envoyée avertir un certain Mario Rotstein de ne pas dormir chez lui, ainsi que d'autres réfugiés. Cet homme était un « nez », un renifleur de parfums, réfugié à Bollène, qui travaillait comme régisseur dans une propriété au-dessus de la nôtre. À la maison, ce soir-là, il y avait aussi deux jeunes filles, deux sœurs, Marie et Suzanne. Comme elles n'avaient pas trouvé d'endroit où se réfugier, mes parents leur avaient proposé de se cacher avec nous dans cette maison abandonnée, dans la forêt.

C'était l'hiver. Il faisait très froid. Ma mère avait fait un pot-au-feu. Elle disait : « On ne va pas partir ce soir, j'ai trop mal à la tête. »

J'ai été la première à aller me coucher. Pas au

deuxième étage, mais au premier, pour partir plus vite au cas où, dans une très petite chambre. Mon père est venu me réveiller, affolé : « Ils sont là, prends tes affaires, vite ! »

Nous dormions toujours nos faux papiers posés près de nous. Je n'ai pas eu le temps de m'habiller ; je suis sortie en pyjama, mes vêtements sous le bras. Ça tirait de partout. Je courais d'un escalier à l'autre sans pouvoir sortir. J'entendais les balles qui sifflaient. Finalement, je suis arrivée à m'échapper par une porte-fenêtre qui donnait sur le parc. Mon père m'attendait, je ne voyais que lui : « Vite, vite, Marceline, ils sont là. »

Je courais plus vite que lui, je le sentais derrière moi. C'est moi qui ai tiré le verrou de la porte au fond du parc : « Ça y est, papa, nous sommes sauvés ! »

Il y avait un homme derrière la porte, avec un revolver. Il a frappé mon père à coups de crosse. Suzanne et Marie arrivaient à leur tour... Le milicien français nous a ramenés tous les quatre au château tandis que ma mère et ma sœur aînée se cachaient dans les broussailles.

On nous a interrogés toute la nuit. Le château s'était transformé en centre d'arrestation ; on y avait amené beaucoup de gens de la région supposés dans la Résistance ou qui cachaient des résistants. Ils ont tous été relâchés faute de preuve. Nous sommes les seuls à avoir été gardés. Parce que nous étions juifs. Mon père était blessé, il fallait que je m'occupe de lui, que je fasse ses bagages et les miens.

Il y avait là un Allemand très classe. Il m'a dit : « Je suis membre de la Cinquième Colonne. » La Cinquième Colonne, c'était une organisation d'espionnage déjà présente en France avant la guerre. Il était professeur d'allemand au lycée Lakanal, à Sceaux. « Ah, vous ne saviez pas ce que c'était que la Cinquième Colonne, eh bien c'était moi, c'était nous ! » Puis il m'a dit : « Prenez ce qu'il y a de plus chaud, parce que là où vous allez, vous en aurez besoin. » Alors j'ai pris tous les pull-overs qui me tombaient sous la main. Un milicien me suivait partout, un certain André, d'Avignon, un mafieux travaillant pour la Gestapo. Il a essayé de me violer quand je suis allée aux toilettes. Je ne sais pas ce que sont devenues les autres personnes qui ont participé à l'arrestation, mais à la fin de la guerre, j'ai été témoin à charge dans le procès de ce milicien français, au tribunal de Nîmes. À titre exceptionnel, puisque j'étais mineure. Je témoignais qu'il avait essayé de me violer. Il a été exécuté, pas précisément pour cette raison, mais pour celle-là aussi. Cela a été très difficile pour moi, de témoigner en cette occasion ; ça me rappelait trop qu'à mon retour des camps, ma mère et mon frère aîné avaient été surtout préoccupés de savoir si j'avais été violée ou pas – autrement dit, si j'étais une fille perdue, impossible à caser.

Au fur et à mesure que je remplissais les valises, le milicien les vidait pour me voler mes affaires. J'avais mis un morceau de jambon dans une des valises : « Ah non, le jambon, non ! » Puis j'ai vu la robe de chambre par terre, dans un tas de vêtements de ma mère, et je l'ai prise. La robe de chambre blanche.

Je me souviens du jour où ma mère était dans sa chambre, en train de ranger son armoire pleine de combinaisons en soie extraordinaires. Elle m'a dit : « Tu sais, ça c'est pour toi quand tu te marieras. » Et elle m'a montré une robe de chambre blanche, magnifique : « Je ne te la donne pas maintenant. Tu dois attendre jusqu'au soir de ton mariage. » Je commençais à être coquette. En douce, parfois, je lui volais des bas pour avoir l'air d'une dame. Je les mettais pour faire du vélo et ils filaient comme de rien du tout. En 1942, j'ai eu une crise d'appendicite aiguë. Comme j'allais être opérée, j'ai pensé que je méritais la robe de chambre, et je l'ai piquée à ma mère avant de partir pour l'hôpital. Je savais où elle avait caché la clé de son armoire. Mais elle a ouvert ma valise pour voir ce que j'emportais, et quand elle a découvert mon larcin, elle m'a flanqué une paire de gifles d'une violence terrible, et je suis partie à l'hôpital en colère contre elle.

La nuit de l'arrestation, j'ai vu la robe de chambre blanche et je me suis dit : « Cette fois, je la prends pour de bon ! » Le milicien voulait le jambon pour lui, mais la robe de chambre ne l'intéressait nullement. J'ai donc réussi à la fourrer dans mes bagages. Je ne me souviens pas comment était ma valise, certainement pas grande, nous n'y étions pas autorisés. Je l'ai gardée jusqu'à Birkenau, cette valise. Avec la robe de chambre blanche dedans. On me l'a prise à l'arrivée, comme toutes les valises des déportés : « Vous retrouverez tout après. » Il y avait notre nom dessus. Pour ma mère, cette robe de chambre blanche matérialisait ce qu'elle voulait sans doute me transmettre, le bonheur conjugal, un avenir radieux. Je n'avais pas idée que nous allions vers la solution finale.

L'eau d'or

Tout à l'heure, dans le printemps de mes soixante-dix-huit ans, j'ai pris une douche. Un vrai bonheur. Ça m'a fait du bien sur le corps, sur la peau. Je voudrais comprendre pourquoi, chaque fois que je dois prendre une douche, je dois négocier avec moi-même, pourquoi c'est un effort. Comme si une part de moi voulait en priver l'autre, mais au nom de quoi ? Est-ce parce que je n'aime pas voir mon vieux corps nu ? Non, ce n'est pas nouveau. Cela fait longtemps que j'ai du mal à prendre des douches. Est-ce lié au souvenir des douches de désinfection, dans le camp ? Non, ce serait malhonnête de ma part de l'affirmer. Est-ce que mes copines, anciennes déportées, ont du mal, elles aussi, à prendre des douches ? Je n'ai jamais parlé de ce problème avec elles. Il y en a, je crois, qui sont au contraire obsédées par l'hygiène. Moi, la poussière, une maison sale, ça me dérange, oui. Mais je peux rester quatre, cinq jours sans me laver. Ou juste me laver l'essentiel. Peut-être que j'avais déjà du mal à me laver quand j'étais petite.

Enfants, nous prenions un bain une fois par semaine. Et encore, dans une bassine. L'hygiène n'était pas celle d'aujourd'hui. Au camp, nous restions des mois et des mois sans nous laver, nous ne nous en rendions même pas compte. Est-ce que nous étions grises ? Est-ce que nous avions des croûtes ?

Il n'y avait pas d'eau, à Birkenau. Ou alors une eau ferrugineuse que nous n'avions pas le droit de boire. C'était très difficile d'accéder aux robinets pour se laver, il fallait se battre, le temps était court et l'eau coulait en petits filets. Il arrivait qu'une plus forte que toi te jette et prenne ta place.

Cependant, la hantise des poux était telle, à cause des épidémies de typhus, que les SS étaient obligés de faire un minimum de prévention sous peine d'être eux-mêmes contaminés. Donc, une fois par mois, dans la mesure où nous devions passer nos oripeaux à l'étuve pour tuer les poux, nous prenions une sorte de douche, mais sans beaucoup d'eau ; les SS faisaient exprès d'arrêter l'eau au moment où nous étions nues. Il n'y avait pas de serviette pour s'essuyer, pas de savon. On pouvait tout juste, éventuellement, « organiser » un morceau de savon de pierre en échange d'un morceau de pain. Nous étions très sales. Dans certains blocs, ou au *washroom*, il était inscrit en allemand : UN POU = LA MORT.

Mais le manque d'eau, ce n'est pas tant la saleté. C'est surtout la soif. La soif, c'est horrible, ça te dessèche de l'intérieur. Quand elle dure vingt-quatre heures, passe encore. Mais jour après jour...

Le manque d'eau à Birkenau, c'était affreux, affreux. Associé à la faim, ça te monte à la tête, ça devient obsessionnel. Qu'est-ce que tu peux faire ? Boire l'eau des flaques, ouvrir la bouche quand la pluie tombe pour en absorber un maximum. Nous n'avions pas de bouteille ni aucun récipient pour garder l'eau. Quand il y avait de la neige, ça allait, nous pouvions boire la neige. Oui, nous avons vécu dans l'obsession de l'eau et de la nourriture, nous attendions que le pain arrive, nous attendions que la soupe arrive, et nous n'étions jamais rassasiées parce qu'il n'y en avait jamais assez. La soif, c'est pire que la faim. Nous n'avions le matin qu'une écuelle d'un liquide noirâtre. Qu'est-ce qu'ils pouvaient bien faire bouillir ? Ce n'était pas du café, mais une espèce d'eau noirâtre. Nous en gardions toujours un peu pour nous laver, au moins un bout du visage. Au début de mon incarcération à Birkenau, quand les chefs de bloc criaient « *Kafe holen !* », j'entendais « Café au lait ! ». Je me persuadais que cette espèce de brouet noirâtre à base de maïs ou de je ne sais quoi était du café au lait.

L'urine, nous en mettions sur les blessures en espérant que cela les assainirait, mais nous ne la buvions pas, non. Nous avions reçu une éducation, il nous en restait quelque chose. Nous en prenions juste assez pour mouiller un peu les lèvres. Dans d'autres civilisations que la nôtre, boire son urine est un rite thérapeutique. Pour nous, c'était quelque chose de tellement animal. Et puis, qu'est-ce que c'était que notre urine ? Est-ce que nous en avions beaucoup ? Nous avions surtout des diarrhées. Ça coulait le long des jambes. Nous ne pouvions pas nous réhydrater. Il n'y avait aucune distribution d'eau dans la journée. Nous ne recevions que ces trois quarts de litre de liquide noir le matin, et puis le soir, ou au retour du travail, trois quarts de litre de soupe.

Donc ce matin, avant la douche, dans ma petite cuisine baignée de soleil, j'ai pris mes médicaments pour les yeux et j'ai bu mon café. C'est toujours la première chose que je fais au réveil. Un vieux fond de café de la veille que je fais réchauffer sur le gaz, dans une cafetière en métal. Je le bois dans un bol, sans sucre, avec beaucoup d'eau. Il n'est pas fameux, mais il n'est pas aussi mauvais que le *Kafe holen* du camp. En fait, je n'ai jamais retrouvé le goût de ce *Kafe holen*. Pourtant j'ai visité beaucoup de pays qui ne savent pas faire le café. Mais je n'ai jamais retrouvé le goût du café de Birkenau. C'est une chance pour moi. Je n'en garde aucune nostalgie. La seule nostalgie que j'ai de Birkenau, c'est d'avoir été tant aimée. Ou d'avoir eu le sentiment de l'être.

À présent, je suis en train de boire un thé, plutôt tranquille. Le thé à la russe n° 927. Histoire de faire passer le Carrément que j'ai bu hier soir dans un bar. Les bars, ce n'est plus trop mon truc. Mais il y avait un jeune musicien de vingt-deux ans, extrêmement doué, très crooner et jazzy. Et là j'ai bu un Carrément. Je ne savais pas que ça existait. Du rhum, du jus d'orange infect et de la liqueur de banane. Sans glace. Mais avec deux pailles. C'était ignoble, jaune orange, très sucré, une boisson pour jeunes hommes. Avant, j'avais bu un Bloody Mary composé d'une très mauvaise vodka. Mais enfin, c'était quand même bloody. Avec du jus de tomate, du sel, du poivre. C'est un drink anglais.

Entre le Bloody Mary et le Carrément, je suis allée manger quelque chose dans un restaurant chinois, au coin de la rue, et j'ai bu un quart de rouge du Garde Rouge. C'est moi qui l'appelle comme ça, d'après une chanson de Jacques Dutronc : « Quatre cents millions de Chinois, et moi et moi et moi, le quart de rouge du garde rouge... » J'ai mangé des nouilles, un peu tristes. De tristes nouilles et un nem, trois nems. C'était bon. Fourré au poulet à la grippe aviaire. Forcément. On sait bien que certains restaurants chinois achètent les morceaux bradés. Dans les nouilles il y avait du porc – un peu plus tranquille que le poulet, pour l'instant. Pas de dessert. Pas de sucre. Je me suis tapé le sucre dans le Carrément. C'est un copain qui tient ce bar, à Montparnasse. Il n'a pas compris qu'il fallait trois bricoles à manger. Il ne propose que des bretzels. Des bretzels industriels. C'est infect. Je lui ai dit : « Tu devrais acheter quatre saucissons divers et variés. » Il a un énorme frigo qu'il n'utilise pas. En fait, je ne voulais pas boire. Mais je les ai tous vus prendre des trucs verts, bleus, jaunes. Alors je me suis dit que j'allais y goûter.

La vodka, c'est ma boisson de prédilection. C'est culturel. Il y avait de la vodka chez mon père, les jours de fête. J'adorais vider les fonds de bouteille. Je me rappelle surtout une bouteille d'Eau de Dantzig, avec des paillettes d'or. Vingt-deux sortes de feuilles d'or différentes, c'était marqué sur l'étiquette. Mon père la rapportait de ses voyages. Petite fille, j'étais fascinée par ces feuilles d'or. Je passais mon temps à secouer la bouteille pour regarder les paillettes tomber. Comme ces boules avec de la neige dedans. J'en ai toute une collection : des petits paysages, un village des Vosges, ou des sapins, des metteurs en scène et des caméras ; dans les années 1980, j'ai eu une période palmiers. Je m'amusais donc avec la bouteille jusqu'au jour où j'ai goûté. J'ai trouvé ça délicieux. J'étais bourrée. Déjà, petite fille. J'avais bu de l'Eau de Dantzig. Aujourd'hui, on l'appelle Goldenwasser, Eau d'or. Comme, après la guerre, le couloir de Dantzig a disparu et que Dantzig est devenue Gdansk, une ville polonaise, le nom d'origine a disparu, mais ils ont gardé l'étoile de David dessinée sur le bouchon.

En fait, c'est tout récemment que j'ai remarqué l'étoile. Je revois l'étoile imprimée sur la boîte du *karen keïemets lei Israël* mais pas sur la bouteille d'Eau de Dantzig. Cette boîte blanc et bleu avec l'étoile juive se trouvait dans toutes les maisons, chez tous les commerçants juifs, dans un coin. Elle servait à collecter de l'argent pour acheter des terres en Palestine. Mon père en avait une, lui aussi. L'Eau de Dantzig, elle, se vendait dans les épiceries juives. Parce que avant, il y avait des épiceries juives. Pas à Épinal, mais à Nancy, rue de la Hache. Nous habitions juste à côté. Nous mangions du *laks* acheté à l'épicerie juive ; personne ne connaissait le *laks*. C'est du saumon. Mon père apportait du *laks* qui coûtait très cher, et des *schmalz Hering*, du *pickel Fleisch*, des cornichons. Je ne me souviens pas avoir vu l'étoile sur le bouchon de l'Eau de Dantzig. C'était juif allemand. Ou allemand tout court. On n'en trouve pas en France. C'est pourquoi j'en ai toujours une bouteille en réserve à la maison. Il y a deux boissons que j'ai toujours à la maison : la Goldenwasser et l'absinthe.

J'ai un ami qui me rapporte de l'absinthe d'un pays où on la fabrique encore. L'absinthe a été interdite en France en 1915, alors que tous les artistes et les intellectuels en prenaient. Van Gogh s'est tué à l'absinthe. Si on en boit beaucoup, ça monte à la tête et ça rend fou. La mode est venue surtout avec Verlaine, ils buvaient tous de l'absinthe, de même que Freud prenait de la cocaïne. Joris me racontait qu'en Allemagne, après la Première Guerre mondiale, la cocaïne était en vente libre ; on allait en acheter à la pharmacie comme du tabac à priser. Puis elle a été interdite quand il y a eu la période des garçonnes qui choquaient beaucoup le monde petit-bourgeois ou collet monté. L'absinthe a eu un peu la même histoire que la cocaïne. Il y a un rituel pour la boire. On verse un soupçon de cette eau-de-vie verte dans un verre. Puis, dans une cuillère trouée maintenue au-dessus du verre, on pose un sucre, et on fait couler un filet d'eau pour que le sucre fonde en tombant goutte à goutte dans l'absinthe. Moi, je la bois pure. Je mets de l'eau, pas de sucre, et un peu de glace. C'est une boisson suave, au parfum de nature. Il ne faut pas en boire beaucoup, c'est tout.

Bon, après le thé, qu'est-ce que je me sers ? J'hésite entre l'absinthe, le whisky, la vodka et le genièvre. Boire un peu m'aide à en parler. Car en parler, c'est comme y retourner. Même si j'y suis toujours. Mais à qui puis-je le dire ?

La prairie aux bouleaux

On arrive dans la nuit. Le train s'arrête. On attend. Pendant des heures. Le voyage a duré trois nuits et deux jours, je crois. Nous sommes soixante dans le wagon. Personne ne sait ce qu'il va advenir de nous.

Au départ du camp de Drancy, j'avais dit à mon père : « On va travailler dur, mais on se verra le dimanche. »

Mon père m'avait répondu : « Toi tu reviendras peut-être parce que tu es jeune, mais moi je ne reviendrai pas. »

Nous essayons de regarder, tous, les uns après les autres, en grimpant à la lucarne à barreaux. Je grimpe à mon tour, et je vois au loin des gens tous habillés pareils. Je suis vraiment une môme ; je dis très fort : « Dites donc, on aura des costumes ici, et on portera tous des foulards rouges. » C'est ce que je voyais de la lucarne : un groupe de femmes vêtues de tissus rayés et de foulards rouges.

Alors les portes s'ouvrent, c'est un bruit d'enfer. Les chiens, les hommes qui hurlent. Des gens en vêtements rayés arrivent ; certains parlent français, ils disent : « Donnez les enfants aux vieillards. » Mais que comprendre ? Les femmes ne veulent pas donner leurs enfants. Il y a beaucoup d'enfants, dans ce train. On me sépare de mon père, je ne sais plus où il est. « Les gens fatigués, prenez les camions. » La sélection se fait comme ça, par camion : les camions vont tous vers la chambre à gaz. Mais nous ne le savons pas, pas encore. Et moi j'ai une paire de chaussures qui me fait mal, c'est la première paire de chaussures que mon père m'a fait faire sur mesure, et je suis partie avec. Des chaussures en cuir, alors que depuis le début de la guerre, je ne porte que des semelles en bois.

Je dis à ma copine, Françoise, qui est à côté de moi : « Je vais prendre le camion, parce que j'ai mal aux pieds. Je te retrouverai plus tard. »

Elle me répond : « Non, reste avec moi, je ne veux pas que tu me quittes. »

Elle me retient dans son rang à elle. Ils passent, ils en enlèvent une, ils en remettent une autre, ils nous examinent. Ils me regardent à plusieurs reprises, parce que je suis très petite, mais mes talons me grandissent un peu. Ils ne me demandent pas mon âge. Ils passent, ils comptent, ils trient. Les camions sont pleins. Puis nous commençons à marcher, sans savoir vers où, il n'y a rien. C'est la première rampe, pas celle qui arrive directement aux crématoires. Elle n'existait pas encore. Je suis de celles qui l'ont construite. Et tout le long du chemin, je peste contre ma copine Françoise parce que j'ai mal aux pieds.

Ça a l'air désert, juste des silhouettes par-ci, par-là. On nous fait traverser des étendues, des chemins, nous arrivons dans un lieu où on nous met en rang et nous tatoue un numéro. Puis on nous emmène au sauna pour nous raser. Ils rasent le pubis. Personne ne le dira. Ils rasent sous les bras. J'ai des poils déjà, comme toutes les filles. D'un coup, tous ces corps nus, sans cheveux, c'est effrayant. Certaines pleurent, d'autres rient, puis un rire hystérique nous prend toutes. Nous demandons où sont les autres. Nous étions mille cinq cents, dans ces wagons, nous ne sommes plus que je ne sais pas combien. Où sont les autres ? On nous dit : « Vous voyez les flammes, là, c'est le commando du ciel, elles sont en train de brûler, après être passées aux gaz. » Choc après choc, c'est une abominable folie. Au début, nous sommes incrédules. On nous fait passer à la douche. Brûlante. Glacée. Puis brûlante. Ça s'arrête. Puis glacée. Ils jouent avec nous. Nous n'avons pas de savon. Pas de serviette. On nous prend tous nos vêtements. Je ne me souviens même pas comment j'étais habillée. Je n'ai le souvenir que de la robe de chambre blanche, abandonnée dans ma valise. Ça, je m'en souviendrai toujours. Par la suite, au retour des camps, je n'ai jamais porté que des robes de chambre blanches, toujours blanches. Peut-être qu'elle a servi au mariage de la fille d'un SS... Tous ces vêtements, une fois triés au commando du Canada, partaient en Allemagne.

Nous attendons dans une salle, nues, pendant de longues heures. Puis arrive une délégation de

femmes SS, très sûres d'elles, qui parlent dure-
ment.

L'une d'elles dit : « Y a-t-il des musiciennes
parmi vous, des couturières, etc. ? »

Une voix s'élève : « Moi, je suis petit rat à
l'opéra. »

La SS dit : « Ah oui ? Montre-nous ce que tu
sais faire. »

Et dans un silence total, Laurette se met à danser,
c'est un moment terrible. Tout d'un coup, une autre
voix s'élève, très belle, qui chante je ne sais plus
quoi, pour aider Laurette à danser. Ce chant... je
l'avais oublié. C'est soixante ans plus tard que
Sonia, la chanteuse, me l'a rappelé après avoir
vu mon film *La Petite Prairie aux bouleaux*, où
j'évoque cet épisode en omettant le chant. Pourquoi notre mémoire ne retient-elle que des frag-
ments, tel épisode plutôt que tel autre ? Je n'ai pas
de réponse.

On nous met à l'appel. C'est la période de quarantaine, le Lager A. On nous fait faire des corvées
humiliantes : transporter un énorme tas de briques
à bras nus sur cinq cents mètres, puis le rapporter
au même endroit. Ou des sacs de ciment dans une
brouette sans roue. On nous fait courir. Brimades
sur brimades. Il y en a qui crèvent tout de suite.
Celles qui tombent malades, on les envoie au *rewir*,
prétendu hôpital. C'est là-bas qu'ont lieu les sélections.

Après la quarantaine, on nous affecte à un
commando et nous passons au Lager B. Le Lager B,
c'est le camp de travail. Entre le Lager A et le

Lager B, il y a deux portes. Si tu connais quelqu'un à la porte, ou s'il n'y a personne tout à coup, tu peux passer vers le Lager A et aller aux rumeurs auprès des nouvelles arrivées : « Où en est-on, en France ? » « Est-ce que ma fille est là ? » « Ma mère ? » Les gens se cherchent. Toujours on a faim, on a soif, on a sommeil. Le sommeil n'est jamais réparateur. Quand on s'endort dans la journée, on reçoit des coups. Alors on s'habitue à dormir de moins en moins. Pour aller se laver, il faut se battre. Aux toilettes il y a toujours une gardienne qui t'oblige à te lever alors que tu n'as pas terminé. On a des paillasses crasseuses et des couvertures pourries, quand il y en a. Au mieux, il y en a deux pour tout le monde. Le matin, au réveil, il faut les plier, les mettre les unes sur les autres, à plat, très à plat, pleines de saloperies, mais très à plat. Il faut les plier en trois, c'est réglementaire, comme à l'armée. Une couverture doit recouvrir la totalité de la largeur de la coya et descendre en angle droit pour finir horizontalement sur la planche. Ça ne se raisonne pas. Il faut tenir le coup, c'est tout. La plaisanterie ordinaire, c'est : « On sortira par la porte ou par la cheminée. » Françoise est encore là, dans mon bloc. Avec ses grands yeux bleus.

Françoise

J'ai connu Françoise dans le camp de Drancy. Rétrospectivement, je vois Drancy comme un paradis, par comparaison avec ce qui nous attendait. Bergen-Belsen aussi, parce qu'il n'y avait pas de gaz. À Drancy, les hommes étaient séparés des femmes dans les dortoirs, mais pas durant la journée. Nous pouvions nous croiser dans la cour carrée ou nous retrouver dans les chambrées, qui étaient de vastes lits séparés les uns des autres par des morceaux de bois et des draps suspendus, de façon à préserver une intimité.

Drancy est aujourd'hui habité. Dans l'après-guerre, la prison est redevenue une cité comme les autres. On s'est contenté de dresser un monument devant, avec un wagon. Et je crois qu'il reste, intacts, une ou deux pièces, le tunnel que des détenus avaient creusé pour tenter de s'évader. Mais ils n'y sont pas arrivés. Il paraît qu'il y a un mur où est écrit « Marceline » et cette phrase : « C'est un immense bonheur de savoir à quel point on est malheureux. » Est-ce moi ? Peut-être, je n'en sais rien.

Je n'y suis jamais retournée. À moins que cette phrase ait été écrite à la prison Sainte-Anne d'Avignon où j'ai été emmenée avec mon père tout de suite après notre arrestation.

Drancy, c'était un lieu comme les dernières minutes de la vie. Les filles se trouvaient des flirts, il fallait vivre vite, les derniers moments. Elles essayaient de se maquiller, de continuer à être belles. Il y avait un type qui en profitait, on l'appelait le Boxeur. Après la guerre, il s'est barré en Espagne. Si on l'avait retrouvé, il aurait été exécuté, à l'unanimité. Un vrai salaud. À Drancy, il séduisait les filles en leur promettant qu'il leur éviterait de partir. Et dès qu'il y avait un nouvel arrivage, il les flanquait dans le premier wagon de transport.

Certaines filles étaient un peu prétentieuses, se donnaient des airs d'être supérieures. Je les reverrai dans le sauna de Birkenau, sans cheveux. Ça me fera rigoler : « Ah, maintenant tu ne la ramènes plus tant que ça ! » J'étais déjà plutôt voyou. Mais au fond, j'étais une vraie gamine, je n'avais pas de flirt, je ne savais rien. Je crois bien que je ne savais même pas comment on faisait les enfants. Quand j'avais eu mes premières règles, peu de temps avant, je croyais que j'allais mourir – ma mère ne m'avait rien dit. Dès que je suis entrée en prison, ça s'est arrêté net. C'était le choc, et peut-être aussi qu'ils mettaient du bromure dans les aliments. Dans les camps, je n'ai jamais eu de règles, et même longtemps après mon retour. Elles sont revenues très tard. Aucune femme n'en avait. Sauf les privilégiées, peut-être, qui mangeaient mieux.

C'est à Drancy que je suis devenue copine avec Françoise. Elle avait un amoureux, mais ça ne voulait pas dire qu'ils couchaient ensemble. Elle s'appelait Françoise Frank, elle était de Nancy. Elle était belle, avec ses grands yeux bleus. Elle n'est pas revenue. J'ai longtemps pensé que c'était de ma faute. Aujourd'hui, je ne le pense plus. Mais ça ne change rien.

Françoise. Nous étions au même commando, tout le temps ensemble. Un homme du camp des Tziganes, petit chef de chantier, était tombé amoureux des beaux yeux de Françoise. Il lui apportait du pain. Les Tziganes, par rapport à nous, étaient privilégiés. Nous les enviions parce qu'ils étaient restés en famille, et qu'ils avaient gardé leurs valises. Jusqu'à ce jour du mois d'août... Nous sommes arrivées comme chaque matin pour transporter les pierres et creuser des tranchées, et il n'y avait plus personne. Nous avons su qu'ils avaient tous été gazés dans la nuit. Ils étaient vingt mille. Tous gazés en une nuit. Un crématoire pouvait brûler trois mille personnes d'un coup ou par jour, je ne sais plus. Il y en avait quatre, alors ça marchait bien. C'était une bonne affaire. Une affaire très rentable.

Par intuition, j'avais trouvé comment m'adapter au camp, éviter autant que possible les coups, rapiner chaque fois que c'était possible, en prenant des risques. L'adaptation, dans un camp, c'était savoir prendre des risques. Étais-je inconsciente à cause de ma jeunesse ? C'est ce qu'on dit communément.

Je me souviens comment, à Bergen-Belsen, j'ai « organisé » un *kübel* de vingt-cinq litres de soupe, à la barbe des SS. Je l'ai apporté dans mon bloc pour le partager avec toutes les autres. Nous n'étions que des Françaises, dans ce bloc. La chef de bloc était contre ce vol. Elle m'accusait d'avoir privé d'autres blocs de leur ration. Une fois la soupe partagée, elle m'a obligée à aller remettre le *kübel* vide à l'endroit où je l'avais pris. C'était m'envoyer dans la gueule du loup. Bien entendu, dès que je me suis trouvée hors de sa vue, je l'ai abandonné entre deux blocs. Mais j'ai été bien punie. Au retour de ma « mission », j'ai découvert qu'une fille m'avait volé ma part. C'était ça aussi, les relations entre déportées. Mais pas avec Françoise.

En juin ou juillet 1944, à Birkenau, je suis tombée gravement malade. Françoise aurait pu alors manger mon pain. Je ne pouvais plus rien avaler tellement j'étais mal. Oui, elle aurait pu manger mon pain, je ne m'en serais même pas rendu compte. Mais non. Elle a cherché à l'échanger sur le marché de Birkenau contre un cachet d'aspirine ou de la quinine pour calmer mes fièvres. Parce qu'il y avait un marché, à Birkenau, une bourse d'échange. Avec l'ancienneté, on apprenait comment ça se passait. Après les heures d'appel, tu pouvais acheter sur ce marché une cuillère pour une ration de pain, échanger une ration de pain contre une vraie ou une fausse part de margarine – on recevait un bout de margarine par semaine. Ou troquer la rondelle de saucisson hebdomadaire, une espèce de chose grisâtre, contre du pain ou une brosse à dents ou des médicaments entrés en douce dans le camp. Cela se passait le soir, de manière quasi officielle, car celles qui organisaient, c'étaient les chefs de bloc, les kapos. Et tout d'un coup, les Allemands arrivaient et chassaient tout le monde.

Un jour que Françoise et moi faisions la queue devant le sauna pour aller à l'étuve, une petite Polonaise qui devait être une *Laufferin,* une coursière des Allemands, s'est approchée de moi, m'a regardée. Peut-être qu'elle avait pitié de moi ou qu'elle me trouvait petite, comme elle. Elle m'a dit : « Donne-moi ton numéro. » Elle a relevé mon numéro. Françoise m'a soufflé : « Dis-lui que je suis ta sœur. Dis-lui que je suis ta sœur. » Je ne l'ai pas dit. Pourquoi ? Par égoïsme. Toute ma vie, j'ai eu des cauchemars de Françoise. Parce qu'elle n'est pas revenue, Françoise. Après que la Polonaise a relevé mon numéro, j'ai été choisie pour travailler au Canada. Le Canada, c'était le commando qui triait les vêtements des nouveaux transports. Une place enviée, parce qu'elle permettait d'« organiser » – *organisadzcie* en polonais. Quand on avait trouvé un bout de pain, c'était : « Ah, je l'ai organisé. » Parfois, on y trouvait des morceaux de pain rassis au milieu des monceaux de vêtements. Il y avait un SS avec un chien qui nous surveillait à bicyclette. Mais on arrivait à piquer. J'ai pu m'habiller mieux, plus chaudement. Et, en prenant de grands risques, cacher sur moi une cuillère à soupe pour une copine, un pull, échanger des objets contre du pain sur la place du marché. Hélas, je n'y suis pas restée longtemps, au Canada. Un soir, au retour, les premiers rangs ont été fouillés. Celles qui cachaient quelque chose, nous ne les avons jamais revues. Nous, les autres, nous l'avons payé cher : nous avons été affectées à un commando très dur, celui des pommes de terre, puis désignées pour creuser des tranchées où ont été jetés et brûlés les corps des Hongroises, parce que trop de monde arrivait en même temps, il n'y avait plus de place dans les crématoires.

J'ai toujours pensé que j'avais été affectée au Canada parce que cette petite Polonaise avait transmis mon numéro aux registres du *politische Abteilung*[1] pour me protéger. Et moi, je n'avais pas fait ce que demandait Françoise, j'avais refusé de dire : « C'est ma sœur. » Bien des années plus tard, mes copines ont voulu me rassurer : « La mort de Françoise t'est tellement pénible que tu t'es culpabilisée, tu associes deux événements sans rapport. Tu as été choisie pour le Canada comme nous avons été choisies, trois, quatre, cinq, dans notre bloc, un matin à l'appel. À cause de l'arrivée des Hongroises, il fallait des commandos en supplément pour trier plus vite les vêtements et l'or, et le ci et le ça, pour les envoyer en Allemagne. »

Peut-être. Mais je n'ai pas dit que Françoise était ma sœur. Oui, j'ai fait ça. Par égoïsme, j'ai fait ça. Les déportées disent : « Moi je n'ai rien fait. » Tu

---

1. *Politische Abteilung* : département politique.

as oublié, ma fille. Tu as fait sans le savoir. Tu as volé une paire de pompes à quelqu'un et tu ne l'as jamais dit. Ou tu as oublié. Nous avons toutes fait des trucs. Mais je ne suis coupable de rien. Ce sont eux les coupables.

Mala

Mala travaillait au *politische Abteilung*. Elle était d'origine polonaise mais avait été arrêtée en Belgique. Elle parlait huit langues, dont l'allemand, le russe, le polonais, le yiddish, le serbe... Elle était brillante. Elle en était arrivée à avoir le droit de circuler sans garde entre Auschwitz et Birkenau tellement les Allemands avaient confiance en elle. Et puis elle avait un amant. Moi, je n'aurais jamais pu trouver un amant parce que j'étais le *lumpen*, la « zone grise », comme dit Primo Levi. Son amant, un résistant polonais, avait lui aussi un poste d'intermédiaire entre les SS et les camps des hommes. Un jour, ils ont réussi tous les deux à s'évader, non seulement habillés en Allemands, mais avec une voiture allemande. Les SS se sont mis à nous compter et à nous recompter – ils avaient une bureaucratie démente. Et dans le compte, il en manquait deux. Nous avons été punies, obligées de rester toute la nuit à l'appel. Mala était une légende, dans le camp, parce qu'elle avait sauvé beaucoup de gens. Le bruit a couru qu'elle s'était évadée. Nous étions contentes. On nous le faisait payer en nous mettant à l'appel pendant des heures qui n'en finissaient pas. Mais cela n'avait pas d'importance.

Malheureusement, trois semaines plus tard, elle a été dénoncée par des paysans polonais, et rattrapée. À quelques kilomètres de la frontière tchèque. Au moment de son arrestation, son amant n'était pas là. D'après les rumeurs, il s'est rendu aussitôt après pour qu'elle ne pense qu'il l'avait dénoncée, et pendu dans le camp des hommes. Elle, elle a été mise au bunker. On en parlait beaucoup, de cette prison. On disait que les cellules étaient comme les « fillettes » de Louis XI : une fois dedans, tu ne pouvais pas t'asseoir, ni te coucher, ni rester debout. Il fallait y entrer comme un chien dans un clapier. Et ça pouvait durer des semaines. Mala est restée trois semaines dans le bunker. C'était en 1944.

Un soir, alors que nous rentrions du travail, un ordre a été crié : « Fermez les blocs aux Aryennes, toutes les Juives dehors. » On nous a réunies sur la place de Birkenau, où une potence avait été dressée. Nous devions nous mettre par ordre de taille, et, comme j'étais très petite, j'étais toujours au premier rang. Mala est arrivée dans une charrette traînée par des cordes auxquelles étaient attachées des déportées. Et elle, debout, tout habillée de noir. Kramer, le chef du camp, était présent, et des sous-chefs. Que des SS et des chiens. Ils ont fait monter Mala sur la potence, les mains attachées dans le dos. Ils ont fait des discours en allemand, comme quoi on était très bien ici ; si quelqu'un essayait de s'échapper, il serait exécuté de la même manière ; de toute façon, personne ne sortirait vivant d'ici... Mala était toujours attachée. Mais quelqu'un avait dû lui donner une lame. Elle avait coupé les cordes et s'était ouvert les veines. Et pendant que les Allemands discouraient, nous pouvions voir le sang qui s'égouttait sur les planches. Soudain, un des SS qui était en train de parler pour nous débiter toujours les mêmes horreurs : « *Verfluchte Juden, schmutzige Juden*, on vous tuera tous, race de vermines », ce SS a vu le sang. Il a attrapé Mala par un bras, et de son bras libre, Mala lui a flanqué une paire de claques magistrale. Il est tombé par terre. Il y a eu une espèce de cri dans l'assistance, en même temps qu'un silence incroyable.

Mala nous a parlé en français. Elle a dit qu'elle avait essayé de s'évader pour crier au monde ce qui se passait ici, que la guerre serait bientôt finie, que les Allemands étaient en train de perdre la guerre, qu'elle ne verrait pas leur défaite, mais que nous, nous devions absolument tenir le coup. Ses paroles nous ont tellement rassérénées, nous pleurions toutes. Après, on nous a forcées à rentrer dans les blocs. Plus tard, on a dit qu'on l'avait remise dans la charrette, emmenée au crématoire et jetée vivante dans les flammes. On a dit aussi qu'on l'avait pendue ailleurs, qu'on l'avait gazée, mais en fait, personne n'a su ce qui s'était passé. Telle est l'histoire de Mala. La première Juive qui nous parlait dans le camp et qui défiait notre humiliation.

Dora

Elle est arrivée après moi à Birkenau, dans le même bloc. Le premier jour, elle n'a pas voulu manger sa soupe, elle la trouvait répugnante. Je suis allée vers elle et je lui ai dit : « Ici, on mange tout et on ne laisse rien. » J'aimais beaucoup son charme, sa vivacité et sa gaieté. Elle avait un ou deux ans de plus que moi. Elle s'appelait Dora. Elle était là avec sa sœur, Myra, très différente d'elle.

Atteinte du typhus, sa sœur avait été envoyée au *rewir*. Pour ne pas l'abandonner, Dora a dit avoir été elle aussi contaminée. Le *rewir*, prétendue infirmerie, lieu de toutes les sélections. Un jour, à cinq heures du matin, un SS tout habillé de noir est venu relever les numéros des malades pour les envoyer à la chambre à gaz. Dora a entonné *Yiddishe Mame* en yiddish, tout l'amour d'une mère juive pour son enfant. Puis *Le Voyage du pauvre nègre*, d'Édith Piaf :

> *Soleil de feu sur la mer Rouge*
> *Pas une vague, rien ne bouge*
> *Dessus la mer un vieux cargo*

Ma vie balagan

Qui s'en va jusqu'à Bornéo
Et dans la soute pleure un nègre
Un pauvre nègre, un nègre maigre,
Un nègre maigre dont les os
Semblent vouloir trouer la peau...
Oh yo ! Oh yo !

La chef de bloc est venue vers elle : « Quelle belle voix tu as ! Pourquoi n'as-tu pas chanté avant ? Je t'aurais évité les gaz. Maintenant, c'est trop tard. Le SS a relevé ton numéro. » Dora attendait donc avec sa sœur d'aller à la chambre à gaz... Mais un jour, la porte s'est ouverte et le même SS a surgi comme un diable noir. « *Nicht mehr gaz !* » a-t-il lancé. Plus de gaz ! C'était un ordre, je l'ai appris plus tard dans les livres. Un ordre de Himmler. Une usine d'armement, à Auschwitz, avait été bombardée par des avions américains ou anglais qui avaient repéré l'endroit grâce aux flammes et aux fumées des crématoires. Donc en novembre 1944, ils ont arrêté les gaz.

Cette histoire appartient à Dora, puisqu'elle est vivante. Mais je la raconte quand même. Telle qu'elle me l'a racontée, d'après mes souvenirs, en hommage à notre amitié, bien que je ne sois plus si proche d'elle. Je le regrette, parce que je l'ai beaucoup aimée, au camp. Nous nous sommes retrouvées après la guerre, et c'est avec elle que j'ai découvert le boulevard Saint-Michel. Sa mère et sa petite sœur étaient mortes. Elle était revenue malgré le typhus qu'elle avait attrapé en rejoignant

Myra au *rewir*. Elle s'en était sortie par miracle. Son père, diamantaire, est revenu lui aussi. Il vivait avec une femme qu'elle n'aimait pas.

Après la guerre, j'avais une grande soif d'indépendance, et je la manifestais. Dora, elle, se préservait. À l'époque, dans les années 1947 et 1948, les filles n'entraient pas dans les cafés. Mais nous étions quelque peu libertaires. Un jour, nous nous sommes acheté des ballons bleus et nous nous sommes baladées avec dans le Quartier latin comme deux petites filles. Courageusement, je l'ai entraînée au Dupont Latin, qui n'existe plus aujourd'hui, et nous nous sommes assises à une table. Il y avait là toute une bande de jeunes, dont un très barbu qui jouait à l'unijambiste. Il est venu vers nous, et nous a provoquées parce qu'il voyait bien que nous étions des filles pas dessalées. Il était clair que nous étions deux petites bourgeoises – peut-être même que je portais un chapeau à voilette ; je ne serais jamais descendue dans la rue sans être bien habillée, avec des gants et des chaussures à talons. Ces garçons ne savaient pas que nous sortions des camps. Certains, même, dont des enfants de Russes blancs, ne cachaient pas leurs sentiments antisémites.

Je ne sais pas ce qui s'est passé entre Dora et moi. Elle a eu peur que je ne l'entraîne, elle a eu peur de ma liberté. Elle s'est mariée avec un garçon marchand de meubles. J'ai beaucoup souffert de cette rupture. Et j'en souffre encore. J'avais tellement besoin d'être aimée, après les camps. La blessure est toujours là.

Et je pense aussi à Ginette que j'ai connue en prison. Elle avait été arrêtée avec son père et son neveu, qui devait avoir treize ans. Nous étions ensemble dans le train qui nous emmenait de Marseille à Drancy. Mon père, que j'avais retrouvé dans ce train, une main menottée à son voisin, m'avait chuchoté : « Si tu peux t'évader ne t'occupe pas de moi, fais-le sans hésiter. »

Comme j'étais jeune et le neveu de Ginette aussi, les SS nous laissaient parfois circuler dans le couloir. On s'approchait de la porte, espérant un ralentissement qui nous permettrait de sauter. Quand c'est arrivé, enfin, hélas un SS est arrivé, et rien n'a été possible.

Nous avons suivi le même chemin et été déportées ensemble, dans le même wagon. Ensemble encore, nous avons été en quarantaine dans le Lager A puis affectées au même commando de travail pour construire une route qui conduisait vers une nouvelle chambre à gaz et un crématorium, au Lager B. Par la suite, nous avons été séparées pendant de longs mois. Je l'ai croisée une fois ; elle était très maigre, les jambes enflées, j'ai pensé à ce moment-là qu'elle ne tiendrait pas le coup.

Mais Ginette est revenue, seule. Je l'ai retrouvée après la guerre, par hasard – elle faisait les marchés, à Paris, avec son mari. Puis je l'ai perdue de vue pendant de longues années. Maintenant, je la vois le premier jeudi de chaque mois, car, chose étrange, nous nous retrouvons avec d'autres anciens déportés, devenus des copains, à l'hôtel Lutétia pour dîner ensemble.

Ma vie balagan

On peut dire que nous sommes parmi les plus jeunes survivants : entre soixante-quinze et quatre-vingts ans, bien sûr. Pourquoi le Lutétia ? C'est là que nous avons été logés à notre retour en France en 1945...

Simone

Comme Imre Kertész, j'ai envie de dire : « Vous voulez entendre l'horreur, ça vous plaît ? Eh bien, je vais vous raconter autre chose. » Parce que les gens ne nous demandent pas comment nous avons vécu pendant tout ce temps-là. Ils nous demandent : « Raconte-moi les horreurs. Ils te battaient ? Et comment ? Et qu'est-ce qu'ils te faisaient ? » La seule question de ma mère, c'était : « Est-ce que tu as été violée ? » La seule chose qui vous intéresse, c'est l'horreur. Mais ça suffit. Vous ne comprendrez rien, vous ne voulez pas comprendre, vous ne faites pas l'effort. Et l'horreur que je vous décris, ce n'est pas l'horreur, pour vous, puisque ça vous régale. Autant vous parler du bonheur des camps.

Comme dit aussi Kertész : « Là-bas aussi, parmi les cheminées, dans les intervalles de la souffrance, il y avait quelque chose qui ressemblait au bonheur. » Mais oui. Quand nous n'étions pas battues, quand nous pouvions nous reposer, quand nous parlions avec une copine, quand un jour la soupe était meilleure... Le bonheur de rencontrer mon père, de le voir vivant. Ou de voler un *kübel* de soupe à la barbe des SS, quel bonheur, je t'emmerde. Les briques empilées par mes copines pour m'éviter d'être au premier rang à cause de ma taille. Et cette planche de bois qu'elles ont trouvée pour masquer un trou dans lequel j'ai pu me cacher quand j'avais quarante de fièvre, le temps de retrouver des forces, avant de reprendre la pelle et la pioche. Une femme que je ne connais pas, qui m'apporte une veste parce que je tremblais de froid... Une autre qui me tend la main alors que, tombée dans un caniveau plein de boue, avec mes quarante de fièvre, je crois que ça y est, c'est là que je vais mourir. Un geste fondamental, sans lequel je serais peut-être morte de froid. Tous ces instants, on peut dire que c'est du bonheur.

En même temps, longtemps après les camps, la notion de bonheur est restée... risible. Une illusion, un piège. Puisque nous étions dans l'enfer. Si même dans l'enfer il y a du bonheur, à quoi sert le bonheur ?

Moi, je dis cela autrement. Je dis que c'est là-bas que j'ai été le plus aimée. Ou que j'ai eu le sentiment de l'être. Être aimée par des copines, dans cette violence terrifiante que nous exprimions toutes, que nous manifestions de différentes façons, en poussant les autres pour survivre... Il y avait malgré tout, par moments, au milieu de tant de cruautés, des gestes d'humanité d'une telle puissance qu'ils s'imprimaient à l'intérieur de notre corps même. C'est la situation extrême que nous vivions, sans doute, qui leur conférait une telle force d'amour.

Simone est de cet amour-là.

Nous ne nous sommes pas connues à Drancy. Nous étions dans le même convoi, le même train, mais étions-nous dans le même wagon ? À notre arrivée à Birkenau, nous étions ensemble dans le bloc 9 du Lager A. Elle était dans une coya presque en face de la mienne, avec sa mère et sa sœur.

Ce qui nous a unies, au camp, c'est sans doute cet esprit rebelle que nous portions en nous. Nous voulions transgresser l'ordre établi, et ce n'était pas facile. Si nous étions prises, nous pouvions être rouées de coups, voire balancées dans la chambre à gaz. Mais c'était plus fort que nous. Nous nous cachions après l'appel, quand les chefs de bloc partaient au *politische Abteilung* sur ordre des SS. Nous essayions de rentrer dans le bloc en douce et de nous glisser entre des paillasses et des couvertures, de nous recouvrir l'une l'autre pour ne pas nous soumettre aux corvées profondément humiliantes. Les corvées les plus humiliantes, c'était au Lager A qu'on les subissait, pour nous casser, pour nous sélectionner. Si tu avais réussi à y échapper, et si tu ne te faisais pas piquer par une chef ou sous-chef du camp, finalement, tu pouvais suivre des pistes secrètes, des chemins de détournement entre les blocs, jouer à cache-cache avec les SS. Comme si, Simone et moi, avions fait l'école buissonnière ensemble dans ce camp. Oui, Simone, c'est ma compagne d'école buissonnière.

Ensemble, nous avons essayé de comprendre ce qu'était ce camp, ces blocs en brique où nous étions, et ces blocs en bois que nous longions, dans lesquels les conditions de vie semblaient meilleures, pourquoi ?

Un jour, en passant devant un bloc en bois vert dont la porte était grande ouverte, nous avons entendu parler français. Nous avons essayé d'entrer. Mais une femme nous a chassées en criant : « Foutez le camp d'ici, sales Juives ! » C'était le bloc des Françaises résistantes communistes. Des années plus tard, j'ai raconté cet incident à Marie-Claude Vaillant-Couturier, du parti communiste français. Mal à l'aise, elle m'a répondu : « Ça devait être une détenue de droit commun. » Nous ne savions pas encore que Birkenau était un camp de concentration pour les Aryens – du moins pour ceux que les Allemands définissaient comme tels – et un camp d'extermination pour les Juifs.

Il y avait d'autres façons de transgresser. Par exemple, si la kapo ne nous regardait pas, au lieu de gratter la terre, nous restions debout, appuyées sur notre pelle. Tu pouvais tirer au flanc, mais le risque était grand. Si tu étais prise, tu recevais des coups, et après ça, ton corps était traîné jusqu'au camp. Et puis les vieilles ne nous aimaient pas, parce que au lieu de porter des briques en pleurant, nous les portions en chantant. Les vieilles, c'étaient celles de plus de vingt-cinq ans. Cela les horrifiait : « Comment tu peux chanter ici ? »

Simone était beaucoup plus grande que moi. Moi, j'étais toute petite. Et puis sa beauté était totale. Non seulement un beau visage, mais un corps harmonieux. Nous nous voyions tout le temps nues. Cela me fascinait. La plupart des corps étaient délabrés, mais le sien était si jeune, il avait encore quelque chose de la vie.

Elle était avec sa mère et sa sœur. Moi j'étais seule. J'étais une petite souris. Je cherchais les trous, des bouts de fromage, même s'il n'y en avait pas. Je perdais une copine, j'en trouvais une autre. La fille dans la coya d'à côté... Alors que Simone faisait bloc avec sa mère et sa sœur. Je ne partageais pas mon pain avec elle. Le pain, je le partageais avec Françoise, puis Marie, puis d'autres, au fur et à mesure qu'elles disparaissaient, que je changeais de coya ou de commando. Ce n'étaient pas des copines comme j'en ai aujourd'hui, à Paris. Tout d'un coup l'une ou l'autre disparaissait au *rewir* puis partait aux gaz. Tu t'habitues à la mort – la mort, c'est la mort. « Elle ? Ah oui, elle est passée aux gaz ! » Et tu passes à autre chose. C'était de l'ordre de la quotidienneté.

Simone, c'était ma copine, mais il y avait sa mère, sa sœur, elles formaient un groupe en soi. Elles représentaient pour moi l'éducation française, donc la civilisation, la dignité.

Pourtant, nous étions tout le temps ensemble, douze heures par jour ; nous partagions les mêmes souffrances. Peut-être que, pour elle, j'incarnais toutes les copines. Ou peut-être que je souhaite que ce soit ainsi. Peut-être qu'elle n'a pas eu de copine aussi culottée, une copine qui avait du *'houtspe*, du culot, en yiddish. Je n'avais pas peur. Peut-être que j'avais même moins peur qu'aujourd'hui.

Un jour, Simone est partie dans un autre camp. J'étais deux rangs devant elle quand la chef de camp l'a arrêtée. « Tu es trop belle pour mourir », lui a-t-elle dit. Elle relevait son numéro quand Simone est intervenue : « Je ne suis pas là toute seule, j'ai ma mère et ma sœur. » La chef a pris les trois numéros et, quelque temps après, elles ont été transférées à Bobrek, à huit kilomètres de Birkenau, dans un camp plus petit. Était-ce plus facile ? Cette histoire-là, il n'y a que Simone qui peut la raconter. En tout cas, à Bobrek, les chambres à gaz et les crématoires étaient loin. J'ai vécu son départ comme une chance pour elle.

Je l'ai revue à Bergen-Belsen. Il y avait de nouveaux arrivages. J'allais de bloc en bloc pour voir si je reconnaissais quelqu'un. Elle était là avec sa mère gravement malade. Nous sommes tombées dans les bras l'une de l'autre. Elles étaient réduites à des conditions de vie pires que les miennes parce qu'il n'y avait plus de place ; elles dormaient par terre, sur des paillasses, à même le sol, collées les unes aux autres. Puis je suis repartie en transport. Suis-je allée le lui dire ? Non, ce n'était pas ainsi que les choses se passaient. C'était plus lâche, à la fois profond et plus lâche – pas dans le sens de « couard », mais dans le sens de « sans lien ».

J'ai revu Simone à Paris une première fois vers 1954-1955. Je ne savais même pas si elle était rentrée ou non. Nous nous sommes croisées par hasard rue de Rome, entre la gare Saint-Lazare et le boulevard des Batignolles. Elle marchait avec un bébé dans une poussette. Le premier, le deuxième ? Nous nous sommes parlé, mais nous ne nous sommes pas vraiment retrouvées, à ce moment-là. Je vivais avec Nat, un ancien déporté à peine plus âgé que moi. Une histoire difficile, qui a duré deux ans. Il ne le disait pas, mais arrivé à Birkenau en juin 1944, il avait été choisi tout de suite pour travailler au crématoire, dans le pire des commandos, le Sonderkommando. Il sortait les corps des chambres à gaz et les transportait à l'aide d'un croc pour aller les brûler – comment s'en remettre ? Il buvait beaucoup. Il voyait des scarabées monter le long du mur. Dans ces moments-là, il était très agressif. Face à sa violence, je ne pouvais répondre que par ma propre violence. Nous nous disions : « Tu ne peux pas me la faire, moi aussi j'ai été déporté(e). » C'était l'horreur. Mais quand tu as aimé un jour, tu aimeras toujours. Et j'ai gardé une énorme tendresse pour Nat.

Simone, elle, avait repris ses études, sciences politiques. Elle s'était mariée. Pourtant, elle avait perdu toute sa famille dans les camps : son père, sa mère, son frère. C'était beaucoup. Plus sa sœur qui est morte deux ans plus tard dans un terrible accident de voiture. Mais elle vivait dans un autre monde. Elle venait d'une famille de Juifs français assimilés depuis plusieurs générations.

Des années plus tard, nous nous sommes rencontrées une fois de plus par hasard dans la rue, à Saint-

Germain-des-Prés. J'ai entendu : « Marceline ! »
C'était pendant la guerre d'Algérie. Elle était secrétaire générale de la Magistrature. Plus tard, elle a
été nommée directrice des prisons de France, ce qui
m'horrifiait. Je me disais : « Comment a-t-elle pu
accepter ce poste après ce que nous avons vécu ? »
Par la suite, j'ai su qu'elle avait réussi à faire venir
les Algériennes qui risquaient leur vie dans les prisons françaises d'Algérie pour les sauver des viols
possibles, de toutes les exactions dont les femmes
sont victimes. Finalement, elle avait eu raison d'accepter ce poste. Je dois vraiment me méfier de mon
côté anar. C'est dans ces années-là que nous nous
sommes le plus souvent vues, elle et moi.

Ses choix politiques lui appartiennent, mais, tout
au long de sa carrière, elle a fait preuve de courage.
Par exemple dans la lutte qu'elle a menée pour
l'avortement. En 1971, j'avais signé le « manifeste
des 343 salopes » – les salopes en question étaient
des femmes, célèbres ou pas, qui déclaraient avoir
avorté. Moi-même, je n'avais jamais avorté, mais
j'ai signé par solidarité. Simone, elle, a fait la loi.
En 1974. Elle a pris un autre chemin que le mien,
mais toutes deux, chacune à notre manière, nous
avons milité pour la légalisation de l'avortement.

En fait, elle et moi portons en nous la même
révolte, mais nous n'en faisons pas le même usage.
Le même esprit de rébellion nous lie, mais chez
elle, il s'exprime de façon plus civilisée. Sans
doute sait-elle mieux que moi évaluer comment on

se conduit bien dans la vie. Nous ne vivons pas dans le même monde. Même notre façon de nous habiller est différente. Sa coiffure. Elle porte toujours un chignon. Je lui ai dit mille fois : « Tu devrais te faire couper les cheveux, te coiffer autrement. » Elle voulait ressembler à quelque chose qui donne confiance aux gens, je pense. Pendant longtemps, elle s'est habillée dans le style Chanel. Moi, je me suis toujours vêtue suivant l'époque et mon imagination. J'ai été parmi les premières à porter des pantalons, dès 1948 – c'était considéré alors comme mauvais genre, pour les femmes ; à Saint-Germain-des-Prés, nous n'étions pas plus de quarante à oser sortir en pantalon.

Il est arrivé que Simone et moi restions un an sans nous voir. J'étais souvent absente, elle aussi. Nous nous appelions, parfois, sans jamais faire autre chose ensemble que manger et boire de la vodka, chez elle ou dans un bistrot. Je sens en elle comme une distance, même si elle me témoigne beaucoup de tendresse et de chaleur. Elle aime me voir, comme j'aime la voir. Nous avons besoin de nous voir. Elle a été tellement proche de moi, quand Joris est mort. Elle a suivi le corbillard entre ma sœur Jacqueline et moi, comme une autre sœur, nous tenant par la main toutes les deux. Elle est restée longtemps dans ce cimetière. Elle sentait ma peine, mon chagrin. Elle aimait beaucoup Joris. Elle ne partageait pas nos opinions politiques, mais elle n'a jamais pensé que Joris et moi étions de mauvaises personnes. Elle pensait plutôt que nous étions dupés, égarés.

L'amour et la tendresse que je porte à Simone sont sans limites. Malgré ses critiques à mon égard, malgré nos différences, malgré mes excès tant privés que politiques – je n'ai jamais pu vivre dans le rang depuis la déportation, plutôt toujours *border-line* –, elle m'accepte comme je suis. Elle s'inquiète de moi. Quand elle parle à la radio ou ailleurs de la déportation, elle cite toujours sa « petite Marceline ». Notre amitié singulière prouve que deux êtres peuvent s'aimer au-delà de choix de vie différents et de divergences politiques profondes – même si, ces dernières années, je me suis curieusement rapprochée de ses opinions. Serais-je enfin en train d'entrer dans le rang ? Quel malheur !

Papa

Nos commandos se sont croisés par accident, lui étant à Auschwitz, moi à Birkenau. Nous nous sommes sentis avant de nous voir. Et nous nous sommes jetés dans les bras l'un de l'autre. Il m'a appelée sa petite fille. Et il m'a demandé tout de suite : « Et maman ? Et Michel ? » Un SS est venu et m'a battue jusqu'à me faire perdre connaissance. Quand je suis revenue à moi, les copines me soutenaient, le SS hurlait que j'étais une putain, une salope. Et mon père disait :

« Mais c'est ma fille, c'est ma fille !

— *Halte Schnauze !* Ferme ta gueule, sinon tu vas en recevoir autant. »

J'ai de nouveau perdu connaissance. Quand j'ai repris mes esprits, j'avais un oignon dans la main, il m'avait mis un oignon et une tomate dans la main. Mon père. Et il avait disparu. J'avais eu le temps de lui murmurer le numéro de mon bloc, le 27B. Il était habillé en rayé, très amaigri, mais il avait une tomate et un oignon avec lui. Ça, c'était incroyable. Le lendemain, je l'ai aperçu à nouveau, il n'a pas osé approcher de peur que je me fasse encore tabasser. Et puis je ne l'ai plus revu.

Le savoir vivant m'a rassérénée. Il était là, à Auschwitz, ça allait. Auschwitz, je l'appelle le camp urbain ; il était situé en bordure de la ville, alors que Birkenau, celui des chambres à gaz, était un camp campagnard, du fait de son implantation même et de la forme des baraques, pour beaucoup d'anciennes écuries, surtout dans le camp des hommes. Mais l'odeur des corps brûlés se répandait loin, même la population de la ville d'Auschwitz s'en trouvait « incommodée ».

Ç'a été la dernière fois que je voyais mon père. Plus tard, beaucoup plus tard, j'ai reçu une lettre de lui. Un électricien me l'a transmise. Il pouvait circuler à peu près sans être inquiété entre Auschwitz et Birkenau pour réparer les ampoules. Il y avait deux misérables ampoules par bloc. Chaque bloc mesurait cinquante mètres de long peut-être, je n'arrive plus à évaluer. Nous étions huit cents làdedans, c'était gigantesque, plein à craquer. Et on ne voyait rien.

Soudain, j'ai entendu « Rozenberg ». L'électricien me cherchait. J'ignore pourquoi il a pris ce risque. Peut-être qu'il voulait faire plaisir à mon père, qu'il l'aimait bien. Quand je travaillais au Canada, j'avais trouvé une pièce d'or dans un vêtement. J'avais réussi à la cacher, emballée dans un chiffon que je gardais toujours sur moi. Quand l'électricien m'a donné cette lettre, je lui ai dit que je voulais lui confier quelque chose. Pour mon père. S'il gardait la pièce d'or pour lui, qu'il donne au moins la moitié de sa valeur à mon père. Il me l'a promis, l'a-t-il fait ? Je ne l'ai jamais su puisque je n'ai jamais revu cet électricien. Ni mon père.

Je ne me souviens plus de ce qu'il y avait dans cette lettre. J'en suis très malheureuse. Je me souviens juste qu'il n'y avait pas beaucoup de mots, et de cette écriture penchée de mon père. Il avait dû organiser un crayon ou une plume. Un bout de papier de rien du tout. À Birkenau, c'était impensable. À Auschwitz, manifestement, c'était possible.

Cette lettre, j'ai réussi à la garder longtemps sur moi, cachée. Je ne la relisais pas souvent, parce qu'elle m'était arrivée à un moment où le travail était particulièrement éprouvant, à tel point qu'on ne savait plus trop qui on était ni où. Affamées, assoiffées, épuisées, douze heures par jour au travail, toujours à l'appel, à la pioche, sans compter les coups. Je ne me souvenais plus du visage de ma mère, je ne me souvenais plus du nom de mon petit frère.

J'avais encore la lettre de mon père sur moi quand j'ai été transportée d'Auschwitz à Bergen-Belsen, fin novembre 1944. J'ai été dans un des premiers transports à partir, alors que les Russes étaient à soixante-dix kilomètres d'Auschwitz. La dernière sélection avait été faite par Mengele. J'étais de celles qui y avaient survécu. Nous avons voyagé à cent vingt par wagon dans des conditions très dures. Quand nous sommes arrivées à Bergen-

Belsen, le camp n'était même pas encore construit. Nous dormions sous de grandes tentes, sur des paillasses posées à même le sol ; pendant les tempêtes, tout s'effondrait sur nos têtes, et nous étions trempées. Mais l'important était qu'il n'y avait pas de chambre à gaz. Notre obsession, c'était d'échapper aux gaz. Des rumeurs couraient : les Russes approchaient, la guerre finissait, on entendait le canon, les Américains avaient bombardé une usine d'Auschwitz.

Kramer est arrivé fin décembre. Bergen-Belsen est alors devenu un endroit aussi violent que Birkenau. J'ai passé un Noël terrible. Pour nous compter, on nous a fait sortir du camp, dans un terrain vague, une par une. Nous étions des milliers, dehors, dans la neige. C'est là, semble-t-il, que je racontais ces si belles histoires que j'ai oubliées. Passer toute la nuit dans la neige, en plein champ, puis rentrer une à une dans le camp pour se faire encore compter. Cette obsession du nombre. Connaître le nombre de gens qui étaient là. Les SS voulaient savoir combien il en restait à liquider.

On disait qu'un Allemand était venu avertir la chef de bloc qu'il valait mieux s'en aller, que des transports partaient vers les usines. Parce que l'Allemagne manquait de main-d'œuvre. On mobilisait même les gosses pour combattre. C'était déjà la pagaille indescriptible de l'Allemagne vaincue. Mais les trains prioritaires restaient les transports de Juifs vers la liquidation ; ils passaient avant même les trains militaires.

De Bergen-Belsen, je suis partie travailler à Rahun, dans une usine de fabrication de pièces de moteur d'avion destinées aux Junker, les avions de chasse. C'était un petit camp dirigé par les paysannes du coin. À notre vue, elles ont été choquées. Elles nous ont changé nos vêtements – enfin j'avais une robe rayée ! Elles nous ont même donné du fil pour faire des ourlets, en cas de besoin. Elles étaient braves. À notre arrivée, elles nous ont donné à chacune un pain entier. Nous avons cru que c'était pour la journée, et nous avons tout mangé d'un coup. En fait, c'était un pain pour huit jours. La soupe, nous en avions un peu moins, mais elle était un peu meilleure. Et puis, il n'y avait pas ces appels incessants.

Quand nous traversions la ville pour aller à l'usine, les gosses nous jetaient des pierres en nous traitant de sales Juifs. J'avais été affectée à l'équipe de nuit. Je travaillais à une fraiseuse. On m'avait donné un petit banc pour me mettre à la hauteur de la machine. Je façonnais de grosses pièces de moteur. J'avais un moule, j'y plaçais une plaque d'acier et je devais suivre le tracé. Sans protection. Une fois, j'ai été emportée par la machine, et blessée. C'était tout de même, non pas plus humain, mais plus normal, moins violent. Ça l'est redevenu un peu plus tard, quand ce petit camp qui dépendait de Buchenwald a été pris en main à son tour par Kramer, ce pervers d'Auschwitz et de Bergen-Belsen. C'est là qu'un *zivil Arbeiter* allemand a fait un geste à mon égard. Il m'a dit : « Dans le tiroir, là-bas, il y a quelque chose pour toi. » Dans ce tiroir, j'ai découvert un cornet d'épluchures de pommes de terre. J'étais bien contente. Des épluchures de pommes de terre cuites.

En avril 1945, quand les Américains se sont trouvés à moins de vingt kilomètres, les SS ont été pris de panique. Il fallait évacuer. Alors je me suis cachée dans un cercueil. Avec une copine, Renée, aussi petite que moi. Nous nous sommes mises tête-bêche dans le cercueil, avec un bout de pain. Pour arrêter cette folie, pour attendre les Américains. Mais évidemment, les Allemands, toujours soucieux du nombre, ont fait les comptes à la gare de Leipzig. Il en manquait deux. Ils sont revenus au camp. Ils nous ont trouvées et ils nous ont frappées tant qu'ils ont pu. De toute façon, même si nous nous étions enfuies, nous aurions été très vite rattrapées par la population, qui était contre nous, car nous portions une robe de bagnard et, dans le dos, une grande croix rouge incrustée à l'aide d'une cire indélébile... Pour nous punir, ils nous ont mises dans le wagon des typhiques. Nous y étions cent vingt. Les gens mouraient, nous entassions les cadavres pour avoir de la place. Et le monceau des cadavres était collé à moi. À un moment, j'ai vu qu'une morte avait sur elle un bout de pain. Je n'osais pas le prendre, j'avais peur que tout le monde se jette sur moi pour me le voler. Nous mourions littéralement de faim. Et puis, j'avais un reste d'éducation, je me sentais mal de prendre le pain d'une morte. Pourtant, une nuit, je l'ai attrapé et j'ai dit à Renée : « Prends ce que je te donne et ne dis rien. » Et nous nous sommes partagé ce petit bout de pain dans ce wagon sans cesse immobilisé parce que les voies de chemin de fer étaient détruites, et le train faisait des tours et des détours à cause des bombardements. L'Allemagne sombrait dans une pagaille incroyable. Nous étions d'une très grande maigreur. Nous n'avions rien à boire. Quand le train s'arrêtait, nous essayions de récupérer l'eau des machines, nous cherchions les pissenlits dans l'herbe.

Theresienstadt se trouvait dans les Sudètes, en Tchécoslovaquie. C'était le dernier endroit où les Allemands se battaient encore. Ils s'y sont battus jusqu'après l'armistice. Nous sommes arrivées dans ce camp sans Allemands, car ceux qui nous accompagnaient s'étaient enfuis en route.

Quand les portes de notre train à bestiaux ont été ouvertes, on a trouvé les wagons pleins de morts. En voyant cela, les gens du ghetto de Theresien-stadt se sont mis à pleurer. Ils voyaient revenir ce qui les attendait puisqu'ils avaient été rassemblés là en vue d'être déportés. Ils sont partis nous chercher à manger. Ils ont rapporté des choses que nous n'avions pas vues depuis des mois : du pain de meilleure qualité, du sucre. Et les filles sont des-cendues des wagons et ont commencé à se battre pour la nourriture. C'était l'horreur. L'horreur.

Theresienstadt était une ville forteresse. On nous a mises dans des espèces de casernes, en dortoirs. Nous étions mieux traitées, mais l'épidémie de typhus se répandait à grande vitesse. Renée l'a attrapé, et en est morte. Moi pas. Comment ai-je tenu ? Je ne sais pas. Par chance ? Par force intérieure ?

1 - Henriette et Michel en octobre 1940, réfugiés à Messimy, près de Lyon. Tous les deux se suicideront, l'un en 1979, l'autre en 1981.

2 - Mes frères Michel et Henri, et ma sœur Jacqueline à l'été 1946. « Je crois que tu es Marceline », m'a dit Michel quand il m'a revue pour la première fois, au retour de déportation, en août 1945.

3 - Michel en 1958. « Je vous demande pardon d'être né », a-t-il écrit sur la note qu'il a laissée derrière lui, avant son suicide.

4 - Jacqueline en 1950, en vacances à Bollène.

5 - Pendant mon époque « Saint-Germain-des-Prés ».

6 - Filmée par Jean Rouch, dans *Chronique d'un été,* avec Jean-Pierre Sergent. « Cette fille, si je la rencontrais, je pourrais tomber amoureux d'elle », a dit en voyant le film celui qui deviendra mon mari, Joris Ivens.

5

6

En Chine, en 1972, sur le tournage du film *Autour du pétrole*, de la série *Comment Yukong déplaça les montagnes*. Joris est à côté de la caméra, sur la gauche. Je suis au son.

En 1967, en pleine guerre du Vietnam, pendant le tournage de *17e parallèle*. Joris est au centre, moi, à gauche.

...s et moi reçus par Zhou Enlai, en Chine, en 1972.

3

Pendant le tournage à Shanghai de *L'Usine des générateurs*, film de la série *Comment Yukong déplaça les montagnes*. À droite, la traductrice ; derrière elle, on aperçoit des dazibaos.

4

1 - Joris et moi sur le balcon de la rue des Saints-Pères, dans les années 1970.
2 - Joris et moi pendant le tournage de *Une histoire de vent*, en Chine, en 1986.
3 - Pendant le tournage de *Une histoire de vent*, je devais me jucher sur une caisse pour être à la hauteur de la caméra.

4 - Joris m'offre une fleur. Devant lui, la caméra.
5 - Une scène du film *Une histoire de vent* : Joris est sur la lune.
6 - Une autre scène du même film : pour gravir une montagne, Joris, âgé de quatre-vingt-neuf ans, est contraint de se faire porter.
7 - Joris trois mois avant sa mort, à l'hiver 1988, rue des Saints-Pères.

1 - À Strasbourg, en
compagnie de Si▌
Veil, qui va reme▌
la Légion d'honn▌
à Hélène, une co▌
du camp, ancien▌
déportée, surviva▌
du bloc des expé▌
de Mengele.

2 - Rue des Saints-Pè▌
en 2003, en train▌
fumer « balagan »▌

3 - Pendant le tourn▌
de *La Petite Prair*▌
aux bouleaux, av▌
Anouk Aimée, e▌
à Birkenau.

2

3

Ce sont les Russes qui nous ont libérées. Curieusement, d'autres déportées ont d'autres souvenirs. Je raconte ce dont je me souviens. Je me rappelle le premier Russe. Il était à moto, avec un drapeau rouge que j'ai vu par la fenêtre de la caserne. Et je me souviens de la bonne soupe que les soldats nous distribuaient.

Mais vite, le camp a été mis en quarantaine à cause de l'épidémie de typhus. C'est alors que quatre filles sont venues me prévenir : « Tu veux te tirer ? Des prisonniers de guerre ont organisé un camion. Il faut aller dans la zone des Américains, parce que ici, on va attendre des mois avant d'être rapatriées. » Nous sommes donc partis en camion vers Prague. Sans savoir qu'à Prague aussi, il y avait les Russes. Et comme nous roulions dans le sens contraire des troupes russes, nous gênions la circulation. Il y avait des tanks, des colonnes de fantassins. Rapidement, un commandant nous a ordonné de descendre du camion, et les soldats ont fait basculer notre véhicule dans le remblai. Nous avons continué à pied, jusqu'à Prague. Soixante kilomètres. Derrière les troupes allemandes qui se rendaient par milliers, derrière les colonnes de réfugiés en tout genre.

Prague : la première ville hors des camps. Nous avons trouvé à dormir dans un lycée. J'étais malade. Je souffrais d'une éventration que je cachais depuis des mois, consécutive à une hernie ombilicale dont j'avais été opérée avant d'être déportée. Un médecin français, dans ce lycée, m'a bandée, soignée, pour que je puisse rentrer en France. J'avais la gale. C'était affreux.

Un jour, la rumeur a couru : un train partait vers Pilsen, en zone américaine. Or c'était déjà le début de la guerre froide. Ça se sentait. Nous avons pris ce train, bondé. À la frontière, entre les zones d'occupation russe et américaine, il s'est arrêté. Les Russes ont déclaré qu'il n'irait pas plus loin. Nous nous sommes retrouvé de nouveau à pied. Nous avons traversé ce no man's land, nous étions sur les routes, à marcher, marcher. Et soudain, nous avons vu une colonne de jeeps américaines. Nous leur avons fait des signes. Elles se sont arrêtées. Nous ne parlions pas l'anglais, ou si peu. Nous montrions nos numéros. Les Américains nous ont emmenées dans un camp, et nous ont distribué des rations. Nous n'avions jamais vu ça : des rations américaines, avec du chocolat, et des capotes. Il y avait des boîtes de conserve, du corned-beef, des cigarettes. Des Lucky Strike. J'ai fumé pour la première fois de ma vie. Dans ce camp américain.

Il y avait un bureau de rapatriement, à Pilsen. Les prisonniers de guerre français sont allés s'y faire connaître. Leur temps de captivité avait été moins dur que le nôtre, et ils étaient émus par ces cinq femmes sorties de Birkenau. Mais le centre de rapatriement a statué : « Non. On ne rapatrie pas les Juifs. On ne rapatrie que les prisonniers de guerre français. » Alors ils ont fait un scandale : ils ne partiraient pas sans nous, disaient-ils. Les pourparlers ont été très longs, mais finalement, le centre de rapatriement a accepté les cinq déportées juives.

Je suis donc partie en camion. J'ai vu l'Allemagne anéantie, j'ai traversé Nuremberg rasé à cinquante centimètres du sol. Ça brûlait encore, c'était fou. Puis j'ai pris un autre train, je ne sais plus où.

C'est dans un wagon à bestiaux que je suis rentrée en France, comme j'en étais partie. Nous sommes arrivés gare de l'Est, et nous avons pris un autobus, le même autobus parisien qui nous avait emmenés à Drancy, jusqu'à l'hôtel Lutétia. Je portais un pantalon de l'armée allemande, une paire de chaussures taille 40 pour une pointure de 33, une espèce de chemisier et un petit gilet. Je ne savais pas où était ma famille, je ne savais rien. Je n'étais pas heureuse. J'étais épuisée. C'était trop tard. Tout arrivait trop tard. Parfois, à Birkenau, nous pensions : « Si jamais nous sortons de là autrement que par la cheminée, si jamais nous arrivons à quitter cet endroit par la porte, peut-être que le monde sera différent. »

En fait, je ne pensais qu'à mon père. J'avais l'impression que s'il ne rentrait pas lui aussi, tout serait fini pour moi.

À l'hôtel Lutétia, on nous a désinfectées au DDT, on nous a mis dans des chambres de luxe, avec des lits et des draps blancs. Avec les bons qu'on m'a donnés, je suis allée au cinéma. C'était à l'Arlequin, rue de Rennes. Une copine de Birkenau m'a dit : « Tu ne vas pas rester ici, à l'hôtel, tu vas venir avec moi. J'habite à Paris, j'ai mon mari, mon enfant, nous rechercherons ta famille. » Je ne savais même pas ce que c'était que le métro, je n'étais jamais allée à Paris. Elle m'a emmenée chez elle, vers Ménilmontant. La concierge n'avait pas changé. Elle a expliqué à ma copine : « Votre appartement est occupé par des Français, votre mari est parti avec une autre femme, et je ne sais pas où est votre enfant. Vous, je peux vous garder, mais pas elle. » « Elle », c'était moi. Donc je suis retournée à l'hôtel Lutétia. Et là, je me suis aperçue que j'avais laissé mon sac chez ma copine. Un sac que j'avais rapporté d'Allemagne. J'ai voulu aller le chercher mais impossible de me rappeler l'adresse. Y avait-il la lettre de mon père dans ce sac ? Je ne sais plus, mais je le crois.

Je suis restée au Lutétia deux ou trois semaines, jusqu'à ce qu'on retrouve ma mère. Quand je l'ai eue au téléphone, la première chose **que** je lui ai demandé, c'est si mon père était là. Elle est restée évasive : « Reviens, on verra bien, on te racontera tout... »

Il n'était pas rentré. Ma mère n'osait pas me le dire. Et je lui répétais : « Non non, je ne veux pas rentrer si papa n'est pas là. Je ne veux pas rentrer. »

J'avais peur. Une peur irrationnelle. La peur de rentrer. Sans mon père.

Et cette lettre que j'avais perdue et dont j'ai oublié le contenu.

Encore aujourd'hui, ça me rend malade. Ça devait commencer par : « Ma petite fille », ça j'en suis sûre, mais le reste, je ne sais pas. Sans doute que mon père m'écrivait qu'il pensait à moi, qu'il fallait tenir, qu'il fallait rentrer, qu'il m'aimait. Des choses intimes. Les choses les plus personnelles qu'on puisse se dire, entre une petite fille et son père, entre Auschwitz et Birkenau. Je ne com-

prends pas comment j'ai pu oublier un si beau souvenir, l'occulter. Si je m'en étais souvenue, peut-
être que le chemin de ma vie aurait pris un autre
sens. Peut-être que cela reviendra un jour. J'en
serais si heureuse. Mais je ne me fais pas d'illusions.

J'y suis toujours

J'ai le sentiment que ce qui m'est arrivé n'est pas passé, que c'est toujours le présent. Même quand je n'y pense pas, j'y pense. Soudain je m'aperçois que je n'y pense pas, et j'y repense. Parfois le soir, avant de m'endormir, je me dis : « Tiens, aujourd'hui, je n'y ai pas pensé. »

Beaucoup de choses de la vie m'y renvoient. En particulier l'accumulation des corps. Je ne peux pas aller dans un hammam ; je ne supporte pas la proximité des corps nus. La vapeur des hammams me fait penser à d'autres vapeurs. Oui, il y a des moments dans la vie quotidienne qui m'y renvoient immanquablement. Des lieux, des odeurs. Moins les odeurs, maintenant, parce qu'on aseptise. Les teintureries, notamment, où il n'y a plus l'odeur de l'étuve. Les rails, les wagons à bestiaux, les cheminées, c'est banal. Peut-être que d'autres déportés ont d'autres phobies. Sauf que ce ne sont pas des phobies. C'est le réel d'un passé toujours présent.

Pendant longtemps, chaque fois que je devais

affronter des situations qui m'impressionnaient, je m'efforçais de dénuder en pensée la personne présente devant moi, pour la mettre à la mesure humaine. Pendant longtemps, j'ai eu l'habitude d'évaluer les gens : si je les trouvais trop hautains, trop bêcheurs, trop superficiels, j'imaginais ce qu'ils auraient été, là-bas. Pour certains, je n'avais aucun doute, pour d'autres, j'hésitais : kapo, ou chef de bloc, pourvu d'un bon poste ? Non, tu exagères. Ou dans la même zone grise que moi, c'est-à-dire la zone des êtres qui n'avaient physiquement plus rien d'humain.

J'étais chez le coiffeur, l'autre jour. Ils balayaient les cheveux tombés à terre. Il y avait des cheveux roux, des cheveux blonds, des cheveux noirs, tout ça se mélangeait et me renvoyait aux cheveux de Birkenau. On nous rasait, nos cheveux servaient à faire des couvertures ou je ne sais quoi. Tout d'un coup, tous ces cheveux... Cela m'a renvoyée au camp. J'ai pensé : « Quand nous sommes enterrés, nos cheveux continuent à vieillir, sans nous, dans la tombe. » Comme ceux du musée d'Auschwitz ont vieilli sans leurs propriétaires. Une masse impressionnante de gris, comme si tous ces cheveux continuaient à vivre tout seuls.

Les cheveux ont beaucoup d'importance pour moi. J'ai toujours aimé me faire des coiffures somptueuses. Suivant la mode ou les circonstances. Par exemple, au Vietnam, quand Joris et moi nous tournions un film sur le 17e parallèle, il valait mieux avoir les cheveux courts. Mais pas rasés. Je ne supporte pas les jeunes qui se rasent la tête. De même que je ne supporte pas les vêtements rayés. Les rayures verticales me renvoient à Birkenau. Toujours. Quelle que soit la couleur. J'ai un chandail, dans mon placard, depuis très longtemps. Je ne sais pas pourquoi je l'ai acheté. Il a des manches noir et blanc, bouffantes et rayées. Je ne suis jamais arrivée à le porter. Alors que ces robes rayées, nous rêvions de les porter, à Birkenau. Plutôt que les chiffons qu'on nous distribuait.

Pourquoi ce désir de porter la robe rayée ? Ce n'était pas plus chaud, on ne peut pas dire, c'était du coton, et assez mince. Peut-être une forme d'adaptation au milieu. Un désir ambigu d'intégration. Les robes rayées, c'étaient les résistantes qui les portaient. Il y avait aussi des commandos dont toutes les filles portaient des robes rayées, qu'elles soient juives ou pas, comme celui du Canada. Il existait une sorte de mode, à Birkenau. Les kapos, les chefs de bloc, tout l'encadrement du camp portait des robes rayées plus ou moins transformées. Elles se faisaient des robes en nid-d'abeilles, et passaient par-dessus de grands tabliers noirs à la polonaise, plissés ou en satinette, avec un plastron à bretelles qui se croisaient dans le dos et venaient se nouer sur le devant. À la tenue, on savait tout de suite à qui on avait affaire, un petit sous-chef ou un petit chef, et qu'il fallait s'en méfier. Je ne rêvais pas de suivre cette mode, mais elle avait un avantage : la robe rayée cachait tout. On pouvait mettre par-dessous trois pull-overs ni vu ni connu.

Quand je suis arrivée à Birkenau, après qu'on

nous a tout enlevé, voilà ce que j'ai reçu : une jupe qui traînait par terre, une chaussure à talon, une chaussure plate, un caleçon d'homme long, kaki, très sale, une espèce de chemisier qui n'avait plus l'allure de rien, des vêtements de filles mortes, envoyées aux gaz ou autre, passés à l'étuve et redistribués. Ce caleçon, malgré le froid, j'en avais honte. Je le retroussais pour le cacher sous la jupe dont les taches laissaient apparaître une vague couleur marron qui avait dû être celle d'origine. En même temps, je le bénissais, ce caleçon. N'ayant rien pour m'essuyer, quand j'allais à ce qu'on appelait « les toilettes », j'en coupais chaque jour un bout. Jusqu'au jour où il est devenu une petite culotte. Une sorte de string avant l'heure.

Si je vous ouvre mon placard, vous serez affolés. Des masses de chaussures, délirant. Quand j'en choisis une paire, j'en achète deux. J'ai toujours été obsédée par les chaussures. D'abord parce que je chausse du 33. Il m'est difficile de trouver ma taille. Joris était fasciné par mes petits pieds. La taille d'une adolescence qui s'est arrêtée brusquement de grandir, peut-être. Dans le camp, nous avions les pieds constamment blessés, sanguinolents. Les miens ont gelé. Depuis, je ne porte que des chaussures ouvertes, été comme hiver, car les gelures ont fait que le sang ne circule pas bien. Et puis, des plaies situées sous la plante des pieds se sont calcifiées, ce qui provoque des douleurs. L'accumulation de chaussures, c'est aussi la peur de manquer, sans doute. Ça me pousse à des comportements étranges. Toujours avoir mes papiers sur moi, au cas où je ne pourrais pas rentrer à la maison. Et de l'argent liquide, on ne sait jamais ce qui peut arriver.

Au moment d'acheter l'appartement où je vis aujourd'hui, j'ai beaucoup hésité. Il n'y avait qu'une seule sortie. C'est mieux, d'avoir deux escaliers ; on peut fuir d'un côté quand le danger arrive de l'autre. Puis je m'y suis habituée. Chez ma mère, quand elle s'est installée à Paris, il y avait deux escaliers. Peut-être qu'elle éprouvait la même chose. On traîne de drôles de trucs.

Toujours, le camp vous rattrape. Il y a quelques années, un copain m'invite au palais des Congrès sur le stand de la revue scientifique dont il s'occupait. Par dérision, m'avait-il dit, il y avait fait venir une voyante : « Ce monde scientifique, tous ces médecins, ça m'énerve... » J'y vais, je vois cette voyante, je la regarde. Et je lui dis : « Toi, tu t'appelles Henriette, et tu étais à Birkenau. Et à Birkenau, tu étais déjà voyante. Tu voyais les gens qui allaient mourir et tu le disais. »

C'était vrai. Elle voyait celles d'entre nous en passe de devenir des « musulmans ». On appelait ainsi les détenues qui entraient en phase finale. Très maigres, elles se mettaient une couverture sur la tête et marchaient pratiquement nues. Elles avaient les yeux vides, perdus, c'était fini.

Après la guerre, Henriette était devenue voyante pour survivre. Pire, une voyante malfaisante. Elle piquait des poupées pour des gens qui voulaient supprimer un rival ou régler des comptes. De la rencontrer, ça m'a démolie. Comment le camp nous suit à la trace. Henriette avait été tellement imprégnée par le mal qu'elle en était devenue méchante. Pauvre femme.

Le non-retour

Je ne voulais pas rentrer, mais impossible de vivre éternellement à l'hôtel Lutétia. Alors on m'a mise dans le train. Quinze heures de voyage pour arriver à Bollène. À la gare, mon oncle m'attendait. J'étais à la portière, le train ralentissait, un enfant courait sur le quai. Je suis descendue, c'était Michel, mon petit frère.

Je lui ai dit : « Tu me reconnais ? »

Il m'a répondu : « Oui, je crois que tu es Marceline. »

Mon oncle m'a raconté. Lui aussi revenait de Birkenau. Il avait été emmené en transport de Birkenau à Varsovie pour y déblayer les ruines du ghetto après la grande révolte des Juifs. Ils avaient utilisé des déportés, pas des Polonais de la ville. Là, il avait réussi à s'évader en se cachant dans les ordures d'une charrette qui sortait. Comme il parlait couramment le polonais – il était polonais –, il s'était fondu dans la foule et avait rejoint les partisans. Mais en Pologne, même les partisans étaient antisémites. Il cachait donc son identité ainsi que son numéro de matricule. Ils l'auraient livré aux Allemands s'ils avaient su. Mon oncle est rentré par Odessa, il a pris le premier bateau de déportés à revenir de Birkenau. Il est arrivé à Marseille début avril 1945. Il était le frère de ma mère, le frère de Bill, qui avait tué un Allemand avant de se jeter par la fenêtre, rue des Saussaies.

Arrivés en France, mon oncle et ses compagnons de déportation avaient essayé de décrire ce qui s'était passé à Auschwitz-Birkenau. Personne n'avait voulu les croire. On les prenait pour des malades mentaux.

J'étais heureuse de retrouver mon oncle, mais j'ai reçu un choc terrible lorsqu'il m'a dit : « Ne raconte rien, ils ne comprennent rien. »

Je me suis rendu compte très vite qu'en effet, je ne pouvais pas parler. J'ai essayé. Ma mère disait : « Non, ne pense plus à ça. » Elle ne comprenait pas d'où nous revenions. La seule personne à qui j'ai pu parler, au retour, c'est ma petite sœur, Jacqueline. Elle avait treize ans.

J'étais sauvage. Je dormais par terre. Je me levais la nuit pour manger. J'étais obsédée par la nourriture. J'avais des cauchemars horribles, je hurlais dans mon sommeil. Je ne voulais pas aller dans le village. Je suis restée dans ce château durant un an et demi, toute seule, parce que ma mère devait sortir travailler. Elle n'avait pas d'argent. Après notre arrestation, le château de Gourdon avait été réquisitionné. L'état-major allemand s'y était installé, puis, avant son départ, il l'avait miné. Mais le système de minage n'avait pas fonctionné. On y a trouvé des tanks, des obus, des canons, tout un arsenal. Ma mère a fait appel aux Américains, qui ont déminé et saisi le matériel. Elle est revenue dans une maison dévastée.

Pendant longtemps, ma mère m'a envoyé chaque année un télégramme à la date de la Libération. De ma libération : « Pour te souhaiter le retour. » Mais elle ne m'a jamais posé de questions, elle ne voulait pas savoir. Elle avait peur. Pas seulement pour moi, mais pour la famille qu'elle avait perdue, en Pologne. Peur d'entendre ce que nous avions vécu.

Elle aurait dû me pousser à reprendre l'école. Il y avait des dispenses pour les déportés et les prisonniers de guerre. J'aurais pu avoir mon bac facilement. Mais j'étais incapable de prendre l'initiative. Puis, rapidement, sont intervenues des dissensions entre ma mère, ma sœur et mon frère aînés, au sujet du château. La propriété était au nom de mon frère, parce qu'à l'époque de l'acquisition, les Juifs étrangers n'avaient pas le droit d'acheter des terres en France. Or, comme je l'ai dit, mes parents étaient apatrides, alors que mon frère aîné, lui, était français. La cellule familiale est tombée en morceaux, un drame dont Michel, mon petit frère, et Henriette, ma sœur aînée, ont terriblement souffert. Jusqu'au suicide.

J'étais prisonnière de moi-même. J'étais dans l'impossibilité de communiquer avec les autres. Prisonnière de ma propre tête. À l'époque, le *debriefing*, ça n'existait pas.

De Gaulle avait recouvert d'une chape de ciment

le sort des Juifs. Le vrai déporté, c'était le résistant. Le Juif était une victime civile, rien du tout. Nous n'étions même pas considérés comme des prisonniers politiques. Au nom de l'unité française, on a fait comme si toute la France avait été gaulliste à l'exception de quelques collaborateurs criminels. Le temps était à la reconstruction, le parti communiste disait : « Retroussez vos manches, il faut bosser, il faut rebâtir la France. » À ce moment-là, les communistes étaient au gouvernement. La chape de ciment est restée, lourde, très lourde, jusqu'au procès Eichmann. Pendant vingt ans. Nous touchions des pensions de rien du tout, parce que nous n'étions rien du tout. C'était d'autant plus choquant que l'argent avait été versé par l'Allemagne après la guerre, pour les Juifs. Pour tous les crimes commis. C'est en 1972 que Pompidou a instauré la parité des pensions entre Juifs et résistants.

Pour toucher cette pension, il fallait passer devant une commission médicale militaire composée de colonels, rien que des hommes. Je me souviens d'une fois où ils nous faisaient défiler en combinaison pour évaluer notre degré d'invalidité. Nous étions assises sur des bancs, déshabillées, attendant d'être appelées. Un homme criait : « Rozenberg ! » C'était mon tour. À cette époque, j'avais terriblement mal à mes deux gros orteils. Quand je l'ai signalé, le type de la commission m'a répondu : « C'est parce que vous buvez trop de champagne avec l'argent de votre pension. » Je n'y suis plus retournée pendant au moins trente ans.

Rapidement, je suis devenue une délinquante. Je trafiquais. J'avais rencontré des gens qui cherchaient des bas nylon. C'était introuvable, en France. Ça venait des États-Unis dans la poche des GI qui les volaient dans le « PX » des Américains. C'était le marché noir de l'après-guerre. Mes commanditaires ont trouvé un client, manque de pot, c'était un faux, un douanier qui pistait les trafiquants. Je me suis retrouvée en cabane. Ils ont convoqué ma mère, et l'ont sermonnée : « Comment, vous avez une fille qui a été déportée, qui n'est même pas majeure, et vous ne vous en occupez pas ? » Ils m'ont relâchée, contre caution.

Ma mère avait sur le dos de drôles de gosses. Je n'avais plus de repères. Ma vision de la société était hiérarchisée selon le modèle du camp. Il ne fallait pas voler, mais il fallait « organiser », comme au camp. J'entrais aux Galeries Lafayette, je changeais de vêtements et je me barrais. À l'époque, il n'y avait pas de trucs électroniques accrochés aux vêtements. Je volais dans les boutiques. J'ai volé beaucoup de livres. Pas n'importe quoi, uniquement ce que je voulais lire : Musil, Valéry, Julien Gracq, Julien Green. Les auteurs. Je demandais à mes copains ce qu'il fallait lire. Je n'avais pas de culture, et j'étais fascinée par les gens qui possédaient le savoir.

Je vivais dans le désordre. Non seulement dans le désordre du monde, mais aussi dans le désordre de moi-même. Une forme de découverte empirique, une spontanéité tous azimuts, non contrôlée. L'affect dominait tout. Il a fallu beaucoup de temps pour que je me trouve. J'étais une môme perdue, glanant au hasard ce qui pouvait être la culture ou la pseudo-culture. Sans savoir comment attraper ce que je trouvais. Je ne savais contrôler ni l'ordre ni le désordre, j'étais perméable à tout. Je découvrais Brecht, j'entraînais ma mère voir Jean Vilar. En fait, ce qui m'a manqué, c'est l'école, l'université, qui m'aurait donné des méthodes de travail, de pensée, de raisonnement, ce que je n'ai jamais eu dans ma vie.

Il m'a fallu beaucoup de temps. Pour tout. J'étais une femme de cette époque, influençable, soumise au pouvoir des hommes, pas seulement des hommes avec qui j'avais des histoires d'amour, mais des hommes qui en savaient plus que moi. Des copains, pas forcément des amants. J'ai appris en grappillant de droite et de gauche, sans structure et sans gourou. Avec beaucoup de mal et toujours avec la conscience que je ne discernais rien. J'étais comme une éponge qui absorbait le pire et le meilleur. Mon désir, c'était d'être « avec ». Je me souviens de mes nuits d'errance dans Paris. D'une boîte à l'autre. Écouter un copain qui chantait, Jean Ferrat. Aller à la Rose Rouge !

Le désordre, c'est aussi refuser l'ordre, le commandement. Je ne pouvais donc appartenir à personne, à aucun mouvement, à aucune idéologie. J'étais un temps pour, mais rapidement j'étais contre. Pour la Chine. Pour l'Union soviétique. Et puis contre.

L'URSS, c'était quand même le pays qui nous avait libérés, qui avait perdu des millions d'hommes dans la guerre. Après la guerre, pour moi, ce n'était pas possible d'être contre les Soviétiques. En revanche, j'étais forcément contre ces gouvernements français très conformistes, très réactionnaires. La censure existait. Je m'y suis confrontée très vite, à la sortie de mon premier film, sur l'Algérie. J'étais rebelle, dans l'errance. L'errance de la compréhension du monde, l'errance de l'amour, l'errance affective.

J'étais attirée par les intellectuels, mais aujourd'hui, j'ai le sentiment qu'ils m'ont manipulée. Sans bien comprendre ce qui m'arrivait, comme une petite fille qui ne parvenait pas à se construire une compréhension globale. Et puis, ma vie avec ma mère était compliquée, même si je n'habitais plus avec elle. Je ne répondais à aucun de ses désirs, et les siens ne m'intéressaient pas. Je n'aimais pas l'homme avec lequel elle s'était remariée – elle avait dit qu'elle ne remplacerait jamais mon père. Je ne savais pas quoi faire de ma vie, je ne savais pas où j'allais.

Au retour de la déportation, il fallait vivre, il fallait manger. Les tailleurs redevenaient tailleurs, les vendeuses cherchaient des emplois de vendeuses. Il y a eu sans doute des cas plus extrêmes que le mien, mais peu de rescapés, je pense, ont pris le chemin que j'ai pris. J'étais rebelle, enfant, dans ma famille, j'étais rebelle au camp, rebelle au retour du camp, rebelle au pouvoir... Je voyais une différence de degré, mais pas de nature entre l'organisation de l'univers concentrationnaire et la société dans laquelle j'étais revenue. Je n'étais pas dans le bonheur du retour. Je ne rêvais de rien. Je ne faisais que des cauchemars.

C'est un cauchemar

Plage, ciel bleu. Je dois aller chercher quelque chose ; je pénètre dans une nuit profonde, je marche entre les rails, je cherche la route, il y a du brouillard comme à Londres, je suis seule. Enfin j'arrive dans un lieu tout ouvert, une gare, des femmes derrière un bureau, une sorte de très long bureau. Je leur demande mon chemin, elles répondent : « Médite. »

Un mouton, deux moutons

Au camp, nous étions si amaigries, si affamées, l'esprit si vide que notre tête en devenait folle. Oui, nous rêvions, sans doute, mais impossible de nous souvenir de nos rêves. Nous oubliions. Nous oubliions tout. De toute façon, un cauchemar ne pouvait pas être pire que la réalité redécouverte au réveil. Comme le cauchemar de Primo Levi, à son retour. Il rêve qu'il est chez lui, en Italie, qu'il est sorti du camp. Et qu'il se réveille, et soudain, il est toujours dans le camp.

Aujourd'hui, quand j'ai du mal à m'endormir entre veille et sommeil, je tente le coup des moutons : « Un mouton saute la barrière parce que l'herbe est meilleure de l'autre côté, deux moutons sautent la barrière... » Et tout d'un coup, me viennent des images de visages atrophiés, par séries. Je m'efforce de les chasser, de les remplacer par quelque chose de beau. Des portraits divers défilent, de gens de tous milieux, à casquette, à béret, à chapeau, des femmes très belles, des femmes de magazines. Et je me dis :

« Non ! Ce n'est pas la vérité. » Et enfin je m'endors. Mais je rêve beaucoup. Je rêve par images et par émotions. Je fais des rêves qui ne se ressemblent pas forcément mais qui ont le même sens : poursuite, solitude, incompréhension, chemins perdus, ville uniforme, monochrome, où toutes les maisons se ressemblent, où tous les bureaux sont ouverts mais leurs occupants rétrécis, et toujours cette bonne femme qui tape un rapport.

J'ai des rêves que je ne peux pas oublier. Celui où je suis au bord de l'eau, mais une eau très dangereuse. Comme toutes les eaux. Le danger vient de l'eau. Il ne faut pas s'y tremper, on risque de ne pouvoir en sortir. Elle vous attrape. L'eau. Je suis donc au bord de l'eau et je fais tout pour ne pas y entrer bien que je me sente happée par elle. La berge est caillouteuse, faite de grosses pierres hostiles sur lesquelles il est difficile de marcher. Quelqu'un est dans l'eau que j'essaie de sauver en lui tendant la main, mais il m'entraîne, alors je lâche et il se noie. Je m'enfuis en courant. Je me retrouve dans une sorte de désert où des types cagoulés me poursuivent. Je cours, je cours, je cours, ils sont derrière moi. J'arrive dans une ville, je pense à Joris, car c'est là qu'il m'attend. Cette ville est curieuse ; elle a l'air d'être chinoise ou bien arabe. C'est une ville chinoise, mais ses habitants ne sont pas des Chinois, plutôt des sémites. J'arrive au moment où Joris meurt. Il vient d'être assassiné. Il est étendu sur une espèce de terrasse, un poignard planté dans la tête...

Je préfère le rêve où Joris meurt entouré de femmes et de fleurs. Il est très beau. Il n'est pas mort comme ça, hélas. Peut-être que c'est moi qui mourrai entourée d'hommes et de fruits.

La malédiction du suicide

Un jour de 1947, à Paris, j'ai escaladé le parapet des quais pour me jeter à l'eau. J'ai été rattrapée par un inconnu, en fin d'après-midi, entre chien et loup. Je voulais mourir. Je ne savais pas nager. Je n'ai jamais su nager. Je ne peux pas tomber à l'eau, je me noierais tout de suite. J'ai fait beaucoup de bêtises en un temps très court, des bêtises qui, évidemment, m'ont conduite quelque temps plus tard à Saint-Tropez, avant la mode. J'ai cessé d'y aller en 1958-1959, quand l'endroit est devenu infernal. Comme le chante Boris Vian : « J'suis snob, j'suis snob... C'est vraiment l'seul défaut que j'gobe... »

Aujourd'hui, à soixante-dix-huit ans, je n'ai pas tout réglé. Par moments je me dis : « Ça va comme ça ; j'ai fait le tour, je suis revenue, et je ne serais pas revenue, ce n'était pas une perte. » Oui, il m'arrive de penser à me suicider. Cela me renvoie au suicide de toutes sortes de gens revenus des camps, jusqu'à Bettelheim et Primo Levi, même si le suicide de ce dernier est controversé. Cela me renvoie aux suicides commis dans ma famille, au suicide de mon petit frère, de ma sœur aînée, aux dépressions de mon père. Cela me renvoie à la malédiction du suicide dans la famille de Charlotte Salomon.

Jeudi dernier, je suis allée voir son œuvre : *Vie ? ou Théâtre ?* au musée d'Art et d'Histoire du judaïsme, dans le Marais. Charlotte Salomon la définissait comme un *Singspiel*, une pièce chantée. Il s'agit en fait d'un ensemble de plus d'un millier de gouaches qui se déploient en fugue, comme un livret d'opéra.

Charlotte Salomon y raconte sa vie et celle de sa famille jusqu'à la déportation à Auschwitz. Elle avait vingt-six ans. Elle était enceinte de cinq mois. Je la vois, avec son gros ventre, le 11 octobre 1943, sur la rampe de Birkenau, cette même rampe sur laquelle je suis arrivée, quand les rails n'allaient pas encore jusqu'au crématoire. Je la vois parcourir le même chemin que j'ai parcouru – qu'elle n'a pas pu parcourir parce qu'une fois qu'on l'a découverte enceinte, elle est allée tout droit aux gaz.

À sa naissance, ses parents lui avaient donné le nom d'une tante qui s'était suicidée en se jetant dans un lac : Charlotte. Il n'y a rien de pire. Comme si cette petite fille, dès le premier jour de sa vie, devait prendre en compte l'écrasante histoire de sa tante. Ensuite, cette terrible solitude de l'adolescence, qu'expriment les dessins. On y voit le parcours d'une jeune fille dans une famille aisée, ancrée dans la bourgeoisie allemande de l'entre-deux-guerres, à Berlin. Au temps de la république de Weimar, une période à la fois de création extraordinaire et de désordre considérable. La malédiction du suicide dans la famille de Charlotte était-elle liée à l'Histoire ou à un certain climat familial et bourgeois de l'époque ? Ou encore à des pressentiments ? Mais la tante s'était noyée bien avant la montée du nazisme, comme si le pressentiment était inscrit dans la lignée de ces femmes, qui portaient en elles l'Histoire avant qu'elle ne s'écrive.

Pourquoi la mère de Charlotte se sentait-elle si seule alors qu'elle avait tout : un bel appartement, un mari aimant, une petite fille ? Sans doute qu'il y a d'autres raisons de se sentir seul. Parfois, ce sont les êtres les plus proches qui construisent notre solitude. Peut-être qu'elle avait d'autres désirs. On ne sait pas ce qui se passe entre les êtres. Ma mère répétait : « Entre un homme et une femme, tu ne peux pas même passer une feuille de buvard. » Il y a toujours quelque chose de mystérieux dans ce qui les unit et les sépare.

Une fois réfugiés dans le sud de la France, Charlotte et ses grands-parents ont appris à la radio que la guerre venait d'éclater. La grand-mère s'est suicidée. Elle n'en pouvait plus. Étrange, malgré tout. Elle était entourée, aimée. Quand j'ai vu le portrait du grand-père, j'ai pensé à mes grands-pères polonais, avec leurs grandes barbes blanches. On le sent en paix. C'est alors qu'il a révélé à Charlotte que sa mère n'était pas morte d'une mauvaise grippe comme on le lui avait dit lorsqu'elle était enfant, mais qu'elle s'était suicidée : « Ta mère a d'abord essayé avec le poison, puis elle s'est jetée par la fenêtre. Ta tante Charlotte, elle, est allée dans l'eau.

Mais le pire, ça a été la mère de ta grand-mère. Pendant huit ans, elle a essayé tous les jours d'échapper à la vigilance de deux infirmières, pour mettre fin à ses jours. »

J'ai fait une autre tentative de suicide – était-ce en 1950 ? – dans un sanatorium, en Suisse, où je soignais une primo-infection aux poumons. Je souffrais des mêmes crises qu'à Birkenau, de terribles fièvres qu'on attribuait au paludisme. Les devais-je aux moustiques de Birkenau ? Il y avait des millions de moustiques, et il y en a encore autant maintenant. Étaient-ils arrivés avec les transports en provenance de Grèce ? On les trouve au bord des fosses, dans les marais assainis par les Juifs. Des milliers de gens sont morts pour assainir ces marais environnants. Mais ma mère disait : « Où as-tu été traîner pour attraper ça ! »

C'est vrai qu'à l'époque, je traînais. À Saint-Germain-des-Prés, précisément. Nous avions enfin quitté Bollène pour Paris, rue Condorcet. Je voulais apprendre un métier. Je suis d'abord allée dans une école de dactylo, puis j'ai entendu parler d'une méthode moderne, la sténotypie. L'école de sténotypie était située rue Soufflot. J'ai demandé à ma mère de me payer des cours dans cette école. J'y suis allée pendant trois mois. J'étais au Quartier latin. Je fréquentais le Dupont Latin, avec ma copine Dora. Et je suis passée du Dupont Latin au Old Navy, un bar-tabac de Saint-Germain-des-Prés.

Quand on parle de Saint-Germain-des-Prés, on parle toujours des intellectuels, des gens célèbres.

On oublie ces gosses qui traînaient dans les cafés, les enfants perdus de la guerre, fils de pétainistes, filles fugueuses, résistants déçus, et même un Alsacien enrôlé de force dans la Wehrmacht.

Quand ma mère n'était pas là, mes copains venaient à la maison. Ma mère ne nous laissait pas d'argent, ni à moi ni à mes frères et sœurs, mais nous avions un crédit chez l'épicier, le boucher, le charcutier et la boulangerie. Un jour, ma mère s'est rendu compte que nous avions mangé vraiment beaucoup pendant la semaine. Mais elle a accepté la note ; elle préférait nous savoir à la maison à boulotter avec les copains plutôt qu'à traîner dehors. Sauf qu'une fois rassasiés, nous allions de toute façon traîner dehors. Dans les boîtes, pour danser le be-bop. Toujours en bande. Je ne cachais pas que j'étais juive, mais je cachais mon numéro. De toute façon, ils n'auraient rien compris.

Je suis sortie un temps avec un garçon juif, coupeur de son métier, boulevard Richard-Lenoir. Il s'appelait Frédéric, on le surnommait Freddy. Coupeur, ce n'est pas tailleur. Le tailleur fait le costume en entier. Le coupeur coupe selon un tracé qui lui est donné. Freddy voulait devenir confectionneur. À l'époque, on ne disait pas designer ni styliste, ça n'existait pas, mais confectionneur. Il m'habillait bien. Il m'avait confectionné un manteau, et une veste à petites basques gris et noir, superbe. Il était très épris. Il me racontait beaucoup de blagues juives.

Les blagues juives de Freddy le coupeur

Deux amis qui ne se sont pas vus depuis le début de la guerre se rencontrent boulevard Saint-Michel :

« Alors Pierre, qu'est-ce que tu fais, depuis que la guerre est finie ?

— Oh, j'ai repris mes affaires, elles sont florissantes. Mon garage déborde de voitures. Et toi, Jean ?

— Moi aussi, les affaires sont florissantes, mais je fais autre chose.

— Ah oui ? Quoi ?

— Je cache des Juifs.

— Tu caches des Juifs ? Mais la guerre est finie !

— Oui, c'est vrai, mais je ne le leur ai pas dit. »

« Tu sais où il est Hitler depuis qu'il s'est suicidé ?

— Au ciel ?

— Oui. Et tu sais ce qu'il fait ? Il est condamné à écrire "Juif" dans toutes les étoiles. »

C'est l'histoire d'un Juif qui prend le train de Moscou pour aller à Omsk. Un petit tailleur juif, très chargé. Il s'installe dans un compartiment avec tous ses *pecklers*, ses paquets. Entre dans le compartiment un homme très élégant, monocle sur l'œil. Le voyage est long, très long. L'homme élégant lit son journal, l'air distant.

À l'heure du déjeuner, le petit Juif ouvre un paquet, sort du pain, des harengs et commence à manger. L'aristocrate n'a rien prévu, et n'a rien à se mettre sous la dent. Il crève de faim. Il voudrait bien que le petit Juif lui donne quelque chose. Alors, il le regarde et lui dit : « On dit que les Juifs sont intelligents, vous savez pourquoi ? »

Le petit Juif le regarde à son tour et répond : « C'est parce qu'ils mangent beaucoup de têtes de hareng. Ce sont les têtes de hareng qui les rendent intelligents.

— Ah oui ? Ça m'intéresse beaucoup. Et vous en avez, des têtes de hareng ?

— Oh oui, j'en ai beaucoup dans mon paquet.

— Vous ne voudriez pas m'en vendre un petit peu ?

— Vous en voulez combien ?

— Donnez-m'en quatre.

— Quatre têtes de hareng, ça fera dix roubles. »

L'aristocrate est content. Le petit Juif lui donne du pain, les têtes de hareng, et l'aristocrate commence à manger. Sa faim calmée, il se penche vers le petit Juif et lui fait remarquer : « Tout de même, au marché, un hareng entier avec la tête, ça vaut un rouble. Or vous m'avez vendu quatre têtes de hareng pour dix roubles ! »

Alors le petit Juif le regarde et lui dit : « Vous voyez, l'intelligence, ça vient, ça vient. »

Samuel a dix ans, Déborah huit. Ils sont cousin cousine. Les parents sont sortis. Ils sont seuls dans l'appartement. Déborah dit :

« À quoi on joue, Samuel ?

— Au papa et à la maman.

— D'accord. Alors, qu'est-ce qu'on fait ?

— On va dans la chambre des parents.

— Et maintenant qu'est-ce qu'on fait ?

— On se déshabille.

— Bon, on se déshabille. Et maintenant ?

— Eh bien, on se couche. »

Une fois qu'ils sont couchés, Déborah dit :

« Et maintenant, qu'est-ce qu'on fait ?

— Maintenant, on parle yiddish. »

La malédiction du suicide – suite et fin

Tout ce que je faisais déplaisait à ma mère. Son unique vœu était que je me marie. J'avais déjà vingt ans, et j'avais connu de vraies histoires d'amour, physiques. Dès l'âge de dix-huit ans. C'était audacieux, à l'époque. J'allais beaucoup au théâtre, j'avais des copains acteurs, je me débrouillais pour entrer dans les cinémas sans payer. Je connaissais les combines, il fallait guetter quelqu'un qui franchissait la porte de sortie pour entrer en douce. J'adorais chanter. J'écoutais beaucoup la radio, j'avais toujours un poste avec moi.

J'ai commencé à lire, beaucoup, tout ce qui me tombait sous la main. J'étais capable de voir un homme juste pour qu'il me donne des titres de livres, parce qu'il était plus cultivé que moi. Du délire. Je pensais qu'on ne s'intéressait pas vraiment à la gamine que j'étais. Je me trouvais trop petite, je me maquillais pour être plus belle, je m'habillais, j'étais coquette. Puis j'ai voulu devenir comédienne. J'avais une copine au cours Simon. Le meilleur de Paris, disait-on. J'y allais en cachette de ma mère, tétanisée. Je ne savais même pas ce que c'était, d'apprendre un rôle. Un jour, René Simon a dit : « Et toi, la petite maigriotte là-bas tout en noir, qu'est-ce que tu as à dire ? » J'ai été tellement effrayée que je n'ai pu prononcer un seul mot, et je n'y suis plus jamais retournée.

J'ai eu cette primo-infection. Un médecin m'a fait entrer à l'hôpital. Trois semaines ont passé avant que ma mère ne vienne me voir. Elle me faisait envoyer de la nourriture. Puis elle a voulu compenser en m'expédiant, avec les meilleures intentions du monde, dans un sanatorium, en Suisse – un peu de luxe. Là j'ai vécu l'enfermement, un sentiment épouvantable. Voici des lignes que j'ai écrites alors dans un petit carnet :

« Comme il faut peu de chose pour que reviennent les souvenirs qu'on avait gommés, enfouis au plus profond, qu'on croyait anéantis. À quoi bon en rendre compte ? Non, décidément, je n'écrirai pas. Il ne faut pas. Il faut continuer.

« Je me trouvais là aussi parmi tous les autres. Sentaient-ils aussi en eux aussi fort que moi l'inutilité de leur existence ? Ils erraient d'un café à l'autre, indifférents. Qu'espéraient-ils ? Qu'attendaient-ils ? Unissant leur immense solitude les uns aux autres. On les voyait aller se donnant une apparence affairée et importante. Était-ce cela leur refuge ? Je les connaissais tous ou presque. Ma vie était également la leur. Et que pouvait-elle leur rapporter de plus qu'à moi ?

« Allongée sur ce lit d'hôpital depuis de longues semaines, quel immense effort je devais faire pour m'isoler et ne plus entendre ces gémissements sans fin, ces potins de concierge que ces malades faisaient entre eux pour tromper le temps et les allées et venues des fantômes blancs silencieux aux masques durs et impassibles.

« Il me fallait pour m'évader de tout ce qui m'entourait m'accrocher à un point, à un lieu défini, ce qui était le plus difficile. Ensuite plus rien n'existait et je pouvais rester des heures seule avec moi-même. Sur le mur immaculé qui était en face de moi, combien de fois ai-je revu mon existence. Qu'étais-je devenue ? Une pauvre épave dont l'avenir n'apporterait rien qu'un lit semblable à celui-ci dans un sanatorium quelque part en Suisse. Pendant une durée bien déterminée, je serai encore un numéro auquel il faudra administrer ceci ou cela, un univers de piqûres, de médicaments, où l'odeur de l'éther règne en maîtresse. Je me souvenais de l'impression désagréable qui m'avait prise à la gorge lorsqu'on m'avait transportée ici. Cette nausée ne m'avait pas quittée depuis.

« Concentrer mon esprit sur une chose déterminée devient chose quasi impossible. Toujours cette espèce d'angoisse qui m'étreint au moment même où je m'astreins à agir. Décidément, tout ce que je puis faire est de plus en plus mauvais et la meilleure solution est de tout abandonner. »

Pendant toutes les années où j'ai vécu avec Joris, je n'ai plus pensé au suicide, parce que je l'aimais et que j'étais projetée vers l'extérieur. Je me disais : « Marceline, la vie t'a placée là, c'est cela que tu as à faire. »

Aujourd'hui, quand j'y pense, je me dis ce que je répète à mon frère aîné, qui a fait trois ou quatre tentatives de suicide depuis deux ans : « Tu ne vas pas nous faire le coup, toi aussi. On en a déjà perdu deux, tu ne vas pas nous en faire un troisième. Il n'y a pas de fatalité dans la famille quand même ! » Mon frère a sans doute d'autres raisons que moi. Il doit vivre une grande solitude, dans sa vieillesse. Pourtant, il n'est pas seul. Il a trois enfants, mais est-ce qu'il les voit beaucoup ? Est-ce qu'ils le comprennent ? Je me dis : « Tu ne dois pas faire ça, il ne faut pas que ça devienne une malédiction familiale, ce serait affreux. » Je le refuse, comme Charlotte Salomon l'a refusé en peignant *Vie ? ou Théâtre ?* Elle écrivait :

Cependant, à la longue, même pour une créature y étant « prédisposée », une vie aussi sombre ne pouvait être supportable. Elle se vit donc placée devant ce choix : mettre fin à ses jours ou bien entreprendre quelque chose de vraiment fou et singulier.

Francis

Quand je suis revenue du sanatorium, et de cette deuxième tentative de suicide, comme ma mère ne savait plus quoi faire de moi, elle m'a renvoyée à Bollène. Il y avait le château. Un endroit à la fois que j'aimais et qui m'était insupportable, parce que j'y avais vécu le pire – le début du pire. J'étais toute seule, je lisais, je traînais. C'est alors que j'ai rencontré celui qui allait devenir mon premier mari : Francis. Il était ingénieur sur le chantier de barrage de Donzère-Mondragon. Un jour, j'ai fait une chute à bicyclette. Je m'habillais déjà avec des shorts très courts. Un très beau jeune homme m'a ramassée. M'a-t-il vraiment ramassée ? Je n'arrive plus à retrouver les dates exactes. Il est arrivé tant de choses en si peu de temps. Peut-être qu'en fait, je ne suis pas tombée, que j'étais debout dans la rue, tenant ma bicyclette, et que lui roulait à moto. C'était en fin d'après-midi, à l'heure de l'apéritif, sur la place de la Mairie, le long d'une rue étroite qui encadrait la place. Il a ralenti parce qu'il y avait des piétons. C'était à côté d'une épicerie, et peut-être aussi d'un bar. Je lui aurais dit bonjour, il aurait dit qu'il ne me connaissait pas. J'aurais répondu :

« Excusez-moi, je vous ai pris pour quelqu'un d'autre.

— Êtes-vous de Bollène ?

— Oui, j'habite au château de Gourdon. »

Il ne me croyait pas, il pensait que je lui racontais des histoires.

« Eh bien, suivez-moi, je rentre justement chez moi. »

Évidemment, la vue du château l'a impressionné. Un moment enchanté de sa vie, sans doute. Il n'est pas entré ; il m'a quittée à la grille. Mais je lui ai donné mon numéro de téléphone.

Par moments, je me disais : « Oui, il faut en finir avec cette vie désordonnée que tu mènes à Saint-Germain-des-Prés, il faut te marier, suivre une existence calme, tranquille, vivre ailleurs, autrement. » Et ma mère me présentait des garçons que toujours je refusais, si bien qu'un jour je lui ai dit : « Je connais un garçon que j'aime, il n'est pas juif. Si tu ne veux pas me donner des casseroles pour dot, je m'en fous, je m'achèterai mes casseroles moi-même. » Ma mère était atterrée. Malgré tout, elle s'est saisie de l'occasion, non pour se débarrasser de moi, mais – disons cela plus gentiment – pour résoudre les angoisses qu'elle avait à mon égard. Elle qui avait été si naïvement manipulée par un homme qu'elle avait épousé en cachette de ses enfants, peu de temps après la fin de la guerre, et dont elle divorcerait à l'âge de soixante-douze ans après qu'il l'aurait presque ruinée. Facteur parmi bien d'autres aussi graves, sinon plus encore, de la destruction d'une famille éprouvée par l'extermination d'un père tant aimé. Sans compter tous les autres disparus de la famille. Sans compter que certains des enfants attendaient ou espéraient encore le retour de ce père – peut-être devenu amnésique, qui reviendrait un jour...

Francis était attiré, fasciné par moi qui vivais dans un château – j'étais tellement hors normes, si originale. Il avait douze ans à la déclaration de la guerre, il avait traversé le conflit mondial sans encombre, dans une vie protégée. Il ignorait tout de la barbarie nazie à l'encontre du peuple juif.

Dès 1945, un silence de plomb avait recouvert la destruction des Juifs d'Europe. En France, il s'agissait de réhabiliter un pays qui avait trahi la République avec le soutien de la majorité du peuple, et d'en donner une image de résistance – résistance en réalité certes héroïque, mais si minoritaire que cela crevait le cœur.

L'antisémitisme était très fort, après la guerre. Je n'ai jamais oublié la réflexion de cette jeune femme, membre de la famille de Francis : « Il paraît que les Juifs ne sont pas comme tout le monde, qu'ils ont une corne aux pieds. » Et je me revois, me déchaussant pour lui prouver le contraire. Quand nous nous sommes rencontrés, Francis ne savait rien sur la déportation, l'extermination, et la différence entre camp de concentration pour les résistants et d'extermination pour les Juifs. Par bribes, je répondais à ses questions. J'avais compris, depuis mon retour, que la plupart des gens ne voulaient rien savoir. J'avais appris à m'enfermer dans le silence. Mais si on me posait des questions, bien sûr, je répondais volontiers. Francis voulait comprendre.

Très beau garçon, naïf, honnête, fort, positif – son métier d'ingénieur des travaux publics l'y poussait –, Francis était originaire de Roubaix, un pays plat et sans soleil. Il était venu à Bollène pour participer à l'un des plus grands chantiers de l'époque, la construction du barrage de Donzère-Mondragon. C'était au tournant des années 1940-1950.

Moi, j'étais poursuivie par mes fantômes. Presque toutes les nuits hantée par des cauchemars effrayants. J'allais mal. Je venais de faire une tentative de suicide. Il y avait en moi un mélange de folle gaieté, de force de vie, et de désespoir profond. Francis, à ce moment-là, m'a apporté un autre visage d'homme. Une solidité, une sécurité, une attention que je n'avais pas connues jusque-là. Et que je ne connaîtrais plus pendant des années après ma séparation d'avec lui. Il a fallu plus de vingt ans, il a fallu Joris, qui avait trente ans de plus que moi, pour que je rencontre un homme qui me prenne par la main, comme une petite fille.

Notre mariage fut très simple. Ce n'était pas le mariage dont ma mère rêvait. Il y eut une petite cérémonie à la mairie, puis une fête le dimanche, à la maison. Et le lendemain, mon petit frère, Michel, a fait sa première tentative de suicide. Il s'est jeté dans la Seine. Francis m'a emmenée à l'Hôtel-Dieu dans sa Junior Panhard décapotable dont il était si fier.

Nous n'avions pas d'appartement. Ma mère nous en cherchait un. Francis désirait partir au bout du monde, mais je voulais absolument garder une base à Paris. Il avait des rêves à la Pierre Loti. J'ai vécu un an avec lui, près de Belfort. Il travaillait sur le chantier d'un nouvel aéroport. Je faisais la cuisine, j'allais faire des courses dans le village, à vélo. Nous étions souvent reçus chez son patron, poly-technicien, et je me révoltais contre les conditions de vie des travailleurs algériens employés sur le chantier. Ils étaient logés dans des baraquements. Les cadres les tutoyaient ; on sentait une familiarité à la limite du mépris. Je ne pouvais pas supporter qu'on traite des êtres humains comme de simples outils de travail.

Je ne voulais pas d'enfant, après les camps. Je l'avais dit à Francis. Lui peut-être en voulait. Mais pas tout de suite. Il avait envie d'être libre. Quand le chantier a été terminé, nous sommes revenus chez ma mère, à Paris. Francis attendait une affec-tation sur un chantier en Indochine. Il était attiré par l'Asie. Mais il y a eu la bataille de Diên Biên Phu, puis la perte de l'Indochine par la France. Sa société l'a alors envoyé diriger des chantiers à Madagascar. À son départ, je ne lui ai pas dit que j'aurais du mal à le rejoindre là-bas. D'abord, je ne voulais pas m'éloigner de Paris. Je restais liée à Saint-Germain-des-Prés et à ce monde de la pensée, de la modernité et de la fantaisie. Francis, lui, avait un désir d'aventure, de s'affranchir de la métropole, de sa direction parisienne. L'idée m'était insupportable.

Francis m'a dit : « Je pars, tu viendras me rejoindre. Réfléchis bien. Je vais m'installer, tu verras, je te raconterai. » Il était sûr que je viendrais. Peut-être que je mentais déjà. Je ne voulais pas trop lui en dire... Mais je sentais que je n'irais pas, que je ne pourrais pas franchir ce pas : aller aux colonies. Je ne pourrais jamais aller dans un pays où les Blancs faisaient travailler les Noirs. Il est parti. Nous nous écrivions. Il était très gentil. Il m'envoyait de l'argent pour vivre. Il l'a fait pendant longtemps. J'habitais un appartement modeste ; les toilettes étaient sur le palier.

Mais rapidement, je suis partie vivre à l'hôtel. À l'hôtel de la Louisiane, où logeaient quelques jazzmen noirs américains, Bill Colman, Sidney Bechet, et l'écrivain égyptien Albert Cossery. Le rêve.

En fait mon déménagement avait une raison familiale précise.

C'était un dimanche. Les déjeuners familiaux se tenaient toujours le dimanche, et, une fois sur deux, ma mère en profitait pour prendre un invité à témoin, comme quoi elle avait des enfants pas possibles, et le témoin répondait et ça finissait dans les claquements de porte.

Un dimanche, donc, après le déjeuner, Jacqueline, ma petite sœur, qui devait avoir dix-sept ans, prend la parole :

« J'ai quelque chose de très important à vous dire. C'est très difficile, mais il faut quand même que je vous le dise.

— Qu'est-ce que tu as, tu es enceinte ?

— Non, j'ai un enfant. »

Ma mère : « Donnez-moi une chaise ! » On lui donne une chaise. « Ah oui, tu as un enfant ! Qu'est-ce que c'est que cette histoire ? C'est un mensonge !

— Non. Il a sept mois. »

Jacqueline sort une photo, elle nous montre un très joli bébé. Ma mère s'effondre en larmes.

« Il ressemble à Bill. » Bill, c'est son frère qui s'est suicidé en se jetant de la fenêtre, rue des Saussaies, après avoir tué un officier allemand. « Qu'est-ce que tu as fait, avec qui ? »

Jacqueline donne un nom.

« Oh, un goy ! s'exclame ma mère. Encore un goy ! Tu ne vas pas pouvoir rester à la maison. »

Jacqueline nous explique que le bébé est né avant terme parce qu'elle s'était trop ficelé le ventre pour cacher sa grossesse. Il a été placé en couveuse pendant plus de deux mois. Puis, connaissant le désarroi de la jeune mère, la clinique l'a gardé jusqu'à ses sept mois. À présent, Jacqueline doit le récupérer.

J'interviens : « Pourquoi tu ne m'as rien dit ?

— Parce que tu m'aurais dit d'avorter. »

C'était vrai. Ma mère répète :

« Il n'est pas question que cet enfant vienne à la maison. » À cause des voisins, etc. – à l'époque, être fille mère, c'était une honte terrible. « Tu vas te marier, conclut ma mère, et on ne le dira pas à ton frère aîné. »

C'est alors que j'ai l'idée de proposer à Jacqueline de s'installer dans mon appartement. Je lance à ma mère : « Tu me paieras l'hôtel de la Louisiane. »

C'est ainsi que j'ai été vivre mon bonheur à Saint-Germain-des-Prés. À l'époque, c'était à la mode, de vivre à l'hôtel. Il y avait toutes sortes d'hôtels bon marché, comme l'hôtel de Seine, où habitaient Henri Michaux, Adamov et d'autres. Mon mari était à Madagascar. J'étais une femme libre. Et à pied d'œuvre. Je pouvais sortir en boîte tous les soirs. Je dansais le swing. J'allais au Tabou, au Club Saint-Germain, à la Rose Rouge. Je n'avais pas lu Boris Vian, mais je connaissais toutes ses chansons par cœur, surtout *Le Déserteur*. Le jazz, c'était la liberté, une autre culture, qui nous arrivait d'ailleurs.

J'étais de ce Paris-là. Je passais ma vie en taxi, je connaissais tous les noms des rues, j'aurais pu être chauffeur. Même quand j'étais raide, je prenais des taxis.

Je m'habillais exclusivement chez Marie-Martine – j'achetais à crédit et je payais quand je pouvais ; on me faisait confiance. J'ai été contemporaine, dans le sens de « vivre avec », de la révolution du prêt-à-porter. À l'époque, le commerce de la mode, à Paris, marchait beaucoup avec les rescapés des camps. Ce sont les Juifs ashkénazes qui ont fait le Sentier, et l'arrivée des Juifs d'Afrique du Nord a porté la vague à son sommet.

J'étais toujours bien habillée. Et pas comme les autres. Même encore aujourd'hui. Mais aujourd'hui, il n'y a plus de règles, alors qu'à l'époque, il y en avait. On portait des chapeaux à voilette, on mettait des gants pour descendre dans la rue. Cette explosion du prêt-à-porter était directement liée au baby-boom ; on offrait aux jeunes une façon pas trop chère d'être à la mode. Tout d'un coup, il n'y avait plus d'un côté la haute couture et de l'autre des gens qui s'habillaient soit comme des notaires soit comme des ouvriers. Les règles tombaient, et ça se passait dans ce quartier. L'explosion artistique des années 1950. De nouvelles idées, de nouvelles pensées se développaient dans tous les domaines. C'est en me frottant à cette effervescence que j'ai commencé à me construire. Je tapais des manuscrits pour Roland Barthes, pour Jean Wiener, j'avais des discussions sans fin. On vivait en bandes, on se retrouvait dans les bistrots de Saint-Germain, parfois on restait toute la journée autour d'un café. Des bistrots qui étaient le Old Navy, le Saint-Claude, le Bonaparte... le Flore et les Deux-Magots pour les plus riches, les plus connus. J'ai connu bien des peintres à leurs débuts, des écrivains devenus très célèbres depuis.

Francis avait signé un contrat de trois ans. Un jour je lui ai écrit : « Je ne peux pas partir. » Il a continué à m'aider. Je lui ai dit : « Je vais chercher du travail. » J'ai pris un emploi dans une entreprise spécialisée dans les sondages comme ronéotypeuse. Le service de psychologie appliquée et d'entretiens non directifs était dirigé par Emeric Deutsch, un Juif hongrois. Arrivé en France après la guerre, il était à l'époque tellement fauché qu'il venait manger tous les dimanches chez ma mère. Il a fini P-DG de la Sofres.

Il n'y avait pas d'ordinateur. La technique consistait à imprimer au moyen de stencils, des feuilles encrées en négatif. J'étais chargée de ça. *Les Temps modernes*, de Charlot.

Vers cette même époque, je suis entrée au parti communiste. Je me disais : « Si on veut agir, il faut bien entrer quelque part. » Entrer ou ne pas entrer au PC était une question au centre de nos discussions entre jeunes, car il n'y avait rien d'autre. Compte tenu du silence dans lequel j'avais enfermé mon expérience dans les camps et le conformisme en vigueur, je ne pouvais être que rebelle. Or une rebelle qui ne fait rien, ça n'a pas de sens. Bien sûr, il y avait les goulags ; nous étions contre, mais nous pensions : « Si nous n'agissons pas, nous sommes des petits-bourgeois qui bavardons. » En ce qui me concerne, ça n'a pas duré très longtemps : six mois plus tard, je me suis fait condamner... Bien, merci beaucoup, salut, à la prochaine.

Une fois son contrat terminé, Francis est revenu avec l'idée de m'emmener à Madagascar. J'ai refusé et il est reparti là-bas seul. Il a fallu beaucoup d'années pour que le divorce soit prononcé, parce qu'il était toujours absent. Il était très malheureux, il allait pleurer chez ma mère. Il m'aimait vraiment. Vraiment. J'ai dû être très dure avec lui, brutale. Je me le suis reproché longtemps. Mais il fallait que je m'échappe. Nous avions chacun un chemin à suivre, et ce n'était pas le même. Nous nous sommes séparés à l'amiable, à condition que je prenne pour moi tous les torts. Ce que j'ai fait. Je lui ai demandé l'autorisation de garder son nom. Et j'ai gardé aussi ses lettres d'amour, mais je ne les ai jamais relues. Elles sont dans une valise, cachée sous la commode de la chambre du haut. J'aurais du mal à les brûler. Je ne peux rien brûler. Je ne l'ai revu que cinquante-huit ans plus tard. Par le plus grand des hasards. Ni l'un ni l'autre nous n'avions fait le moindre effort pour nous revoir.

C'est un rêve

Je suis dans une ville, je ne trouve plus mon hôtel. J'ai une valise à la main. Pourquoi ai-je une valise ? Je ne sais pas. Je ne connais pas la ville. J'arrête des gens, sur la place, je leur parle, ils ne comprennent pas ma langue, je ne comprends pas la leur, ils rient, ils s'en vont. Je me perds de plus en plus en cherchant mon chemin. Je grimpe la pente d'une énorme montagne en tirant cette valise, et plus je monte, plus la valise est lourde. Personne ne m'aide...

La porteuse de valises

Je vis sous le signe des valises. Les valises qu'on emporte rapidement. Celles que nous avons dû abandonner à l'arrivée au camp, celles qui se sont accumulées à Auschwitz, avec leurs étiquettes et leurs noms. Les valises que l'on fait pour partir avec un homme, longtemps, dix-sept valises. Je croule sous les valises. Je dois toujours me retenir d'en acheter. J'ai encore cédé à la tentation récemment, je me demande ce qui m'a pris. Chaque fois que je la vois, je suis en colère contre moi parce qu'elle est mal conçue et bien trop lourde. Peut-être l'ai-je achetée en pensant à Joris. Il a tellement voyagé. C'est lui, surtout, qui avait des fantasmes de valises. Ce sentiment de devoir aller ailleurs, l'exil. Il y a toujours un pays où l'on s'arrête, où l'on pose ses valises. Et puis j'ai les valises « contenantes » – le nom que je leur donne. Pleines de souvenirs divers qu'on ne veut pas revoir. Quelquefois, on ouvre la valise, on voit ce passé trop lourd, on la referme.

Ma vie balagan

Récemment, j'ai encore fait un de ces cauchemars dans lesquels je me traîne des valises pas croyables. Je suis avec Joris. On nous dit d'emporter avec nous deux valises pleines, en dépôt depuis très longtemps. C'est comme un départ définitif. Valises laissées à Florence. Mais dans le rêve, nous sommes en Chine. Nous prenons les valises. Je sais qu'il y a dedans des choses bizarres. Nous passons la douane avant de prendre l'avion, mais il s'agit de la douane américaine. Les douaniers me demandent ce que sont ces objets suspects aperçus sur l'écran. Je réponds : « Des petites boîtes vides, très jolies, pour offrir. » Ils finissent par me croire sans ouvrir la valise. Je sais que, quelque part, dans une des valises, il doit y avoir de l'herbe, enfermée là depuis des années, oubliée, sans doute inconsommable. Je me retrouve avec ces deux valises dans un ancien logement, assez pauvre, où j'ai vécu durant dix ou douze ans. Mais en même temps, il est différent, plus beau. Il y a une chambre vaste comme à Bollène, la chambre de ma mère, et, tout d'un coup, Joris est là. Les relations sont difficiles, avec lui. Ça ressemble à une séparation. Il est très faible. C'est moi qui ouvre les valises. L'une d'elles contient un gros poisson mort, un paquet de harengs qui sent très mauvais, et des brassées de crevettes. Bambou, un ami, est là. Je remplis un sac-poubelle de ces déchets dont l'odeur est horrible. On me pose la question : « Qu'est-ce ? » Je fais comme si je n'entendais pas, j'essaie de cacher aux autres cette pourriture. Dans le sac, il y a de vieilles chemises de Joris, des caleçons très sales.

Je jette tout ; je ne veux pas qu'il voie cela. J'ouvre l'autre valise ; des vêtements démodés à moi, mélangés à d'autres tout à fait mettables. Je fais le tri. Je tente de masquer l'odeur des poissons avec les vêtements. Je demande de l'aide. Il y a cinq étages à descendre. Bambou peste. J'insiste. Je ne peux pas porter le sac seule. Finalement, il accepte. Lui ai-je proposé quelque chose en échange ? Nous nous partageons la charge sur nos épaules. La descente est difficile, comme si les escaliers s'entre-croisaient. L'odeur est épouvantable. Nous croisons un couple de voisins, qui nous regarde avec insistance. Espérant éviter la concierge, nous passons par la porte de la cour, et nous tentons de jeter le sac dans la poubelle, mais, même pour Bambou qui est très grand, la poubelle est trop haute. Alors nous abandonnons le paquet et nous nous sauvons. Nous apercevons déjà les têtes de hareng et les crevettes sur le sol, qui se marrent. Arrivés dans un couloir étroit et sombre, nous voyons un homme frapper à la porte de la loge. La concierge apparaît, la même qu'il y a des dizaines d'années. Nous sommes mal. L'odeur commence à se répandre. Nous essayons de nous sauver par ce couloir. Je me réveille avec des douleurs terribles dans les genoux.

La porteuse de valises que je suis dans ce rêve est une « porteuse de poisse ». Alors que, dans la réalité, la porteuse de valises que j'étais était une « porteuse d'espoir ». J'ai été de celles, peu nom-breuses, qui ont aidé les Algériens pendant la guerre d'Algérie. J'ai eu jusqu'à sept cents millions

de francs chez moi. Une fortune. En petites coupures. Pour eux. On apportait l'argent chez moi, puis
d'autres gens venaient le chercher pour l'emporter
ailleurs. Je ne portais pas de grosses valises bour-
rées de fric. Ça, c'est la vision caricaturale de la
situation. Petite comme je suis... L'argent était dans
des sacs ou enveloppé dans du papier. Il fallait bien
que ce soit dans quelque chose.

Pourquoi porteuse de valises pour l'Algérie ?
Parce que, mariée avec un homme qui travaillait
dans les travaux publics, je l'avais suivi sur le
chantier de l'aéroport, près de Belfort, et là, j'avais
vu dans quelles conditions misérables vivaient les
Algériens, comment on les tutoyait, et comment on
les traitait de ratons. Il y avait d'autres raisons.
Mon bref passage au parti communiste m'avait fait
prendre conscience de ce qui m'éloignait de sa politique suiviste. Et mon expérience concentrationnaire
me poussait à vouloir « sauver l'humanité ». Compte
tenu des milieux ou plutôt des mouvements que je
fréquentais, des artistes et intellectuels que je croi-
sais, il était inévitable qu'un jour ou l'autre je
tombe sur quelqu'un qui me dise : « Est-ce que tu
veux faire plus ? » Faire plus, c'était devenir par
exemple une boîte aux lettres, accepter que l'argent
soit trié chez moi avant de partir à l'étranger,
accepter qu'on tienne dans mon appartement des
réunions de chefs algériens, de conduire quelqu'un
en voiture. Des choses dangereuses. On risquait
d'aller en prison, d'en prendre pour deux ou trois
ans. J'ai été perquisitionnée pendant cinq heures,
interrogée pendant huit heures rue des Saussaies,

emmenée par la... j'allais dire la Gestapo. Ils n'ont trouvé qu'une seule chose suspecte, chez moi, le livre intitulé *La Question* d'Henri Alleg. Sur la torture en Algérie. Un des flics m'a dit : « Vous, une Juive, vous croyez à toutes ces histoires ? Vous allez voir dans vingt ans comment cela va se retourner contre vous. » À partir de là j'ai pris le large ; je devenais dangereuse pour le réseau.

Dans le même temps, j'ai commencé à faire des reportages en *free lance* pour une émission de télévision : « Nous les jeunes. » J'apportais des sujets inédits, par exemple les cours du soir du PC pour les ouvriers, la naissance du Théâtre d'Aubervilliers. J'ai fait une émission sur les fiancées des garçons mobilisés en 1956 pour aller se battre en Algérie. Les filles évoquaient la séparation, leur souffrance, les lettres de désespoir qu'elles recevaient. C'était une manière de parler de la guerre d'Algérie sans traiter directement le sujet, à cause de la censure. Mais j'étais très mal payée. Il me fallait un deuxième emploi. Dans la boîte où je travaillais comme ronéotypeuse, j'ai vu passer des enquêtes réalisées pour des études de marché. Des grands mots de psycho-sociologie appliquée... Je me suis dit : « Moi aussi, je peux faire ça. » Au début, ils n'ont pas voulu, parce que je n'avais pas de diplôme. Et puis ils m'ont donné ma chance. Il s'agissait de la première étude sur le tabac – moi-même, je fumais comme un pompier. J'étais chargée de trouver une population rurale, par exemple en Vendée. Il me fallait tant de citadins, tant de personnes de tel milieu, tant de paysans, etc. Armée d'un magnétophone vieux modèle, j'allais à Vannes et je trouvais quelqu'un qui me trouvait quelqu'un d'autre et je me créais ainsi des réseaux. J'étais très douée pour ça. J'adorais ce travail. J'analysais les contenus, je repérais les constantes, sans prendre position sur l'argument à utiliser pour vendre du tabac. J'étais payée cent francs par jour, ce qui était énorme, à l'époque. Je travaillais dix jours, ça me suffisait pour le mois. Je trichais un peu, j'allais interviewer mes potes.

1962 : l'indépendance. J'ai voulu aller en Algérie. Les copains algériens que j'avais soutenus à Paris étaient rentrés là-bas. Le garçon avec lequel je vivais à l'époque, Jean-Pierre, de douze ans plus jeune que moi, était en Algérie. Je l'ai rejoint. C'était la pagaille. Nous avons vu qu'il y avait du matériel disponible à la télévision française d'Alger, qui n'était pas encore algérienne. J'étais obsédée par l'idée de faire du cinéma. Un ami, en France, a eu la gentillesse de me prêter de l'argent. Le film s'est fait, à force de combines. À cette époque on pouvait encore s'en sortir avec des combines. J'étais à moitié dehors, à moitié dedans, comme toujours, par instinct, pas par calcul. Par instinct de survie sans doute. Les combines, ça m'allait. L'idée du film était de montrer les premiers jours de l'indépendance, un pays qui se reconstruit, qui cherche ses voies, les dernières traces du colonialisme sur les murs, les graffitis de l'OAS. Et puis la fête de l'indépendance à Alger, les chameaux... On voyait bien que ça n'allait pas des masses. Il y avait de violents combats entre des wilayas, qui finissaient parfois en lynchages. Nous avons fait un film simple montrant la complexité des problèmes qui se posaient, la pauvreté, les pieds-noirs qui s'en allaient, mais aussi les Algériens qui émigraient en France parce qu'il n'y avait pas de travail en Algérie.

À mon retour en France, j'ai été invitée à une projection. L'avant-première d'un court-métrage de Joris Ivens, *À Valparaíso*.

Je ne connaissais Joris Ivens que par ses films, notamment *Terre d'Espagne*, que j'avais vu à la cinémathèque sept ou huit ans auparavant – j'étais à l'époque un vrai rat de cinémathèque. Je m'étais dit alors : « Si je fais du cinéma, je veux faire des films comme celui-là. » J'ai su plus tard que Joris m'avait vue dans *Chronique d'un été*, un film de Jean Rouch et d'Edgar Morin, et qu'il avait dit à Jean Rouch : « Cette fille, si je la rencontre, je pourrais tomber amoureux d'elle. » Dans ce film, je jouais mon propre rôle, celui d'une ancienne déportée – on en voyait encore rarement sur le grand écran. Il y avait cette séquence sur la terrasse du musée de l'Homme, où je discutais avec des Africains et Régis Debray, une rose à la main. Jean Rouch demande à un des garçons africains : « Est-ce que tu sais ce qu'est le numéro que Marceline a sur le bras ? »

Le garçon africain répond : « Je ne pense pas que

ce soit son numéro de téléphone ; peut-être que son père est dans la marine. »

Jean Rouch lui explique que c'est mon numéro de matricule tatoué par les nazis à Birkenau.

Chronique d'un été était une mise en situation de gens qui n'aimaient pas trop leur travail et qui essayaient d'exister par ailleurs – ouvriers chez Renault, postiers, étudiants qui parlaient d'eux-mêmes comme jamais auparavant dans un film. Par exemple, des jeunes gens débattaient de la guerre d'Algérie, et déclaraient : « Si on m'appelle, je déserte », ce qui, au pire de la guerre d'Algérie, était courageux. Bien entendu cette séquence fut coupée au montage, toujours à cause de la censure, qui était très vigilante. L'expérience avait provoqué des controverses, des rumeurs et connu un certain succès. *Chronique d'un été* avait été présenté au festival de Cannes 1961, où il avait remporté le prix de la Critique internationale. Aller à Cannes, voir Sophia Loren, ç'avait été pour moi un émer-veillement. C'était aussi l'année du procès Eich-mann. Je me souviens que, sur la Croisette, un journaliste français m'avait interviewée à ce pro-pos. Depuis, *Chronique d'un été* est devenu un film-culte, étudié encore aujourd'hui dans les écoles de cinéma. C'est ainsi que j'ai commencé à travailler dans le cinéma.

À la fin de la projection de *À Valparaíso*, je me suis approchée de Joris. M'a-t-il reconnue ? Je l'ignore. Je me suis présentée comme une jeune réalisatrice qui revenait d'Algérie, qui peinait sur le montage, et je lui ai demandé s'il pouvait me donner des conseils. Joris m'a répondu qu'il n'avait pas le temps, mais il a tout de même noté mon adresse et il m'a donné le numéro de téléphone de son monteur. J'ai appelé cet homme, et il s'est chargé du montage du film qui deviendrait *Algérie année zéro*.

Huit jours après l'avant-première, j'ai reçu un énorme bouquet de fleurs. Joris Ivens m'envoyait une brassée de roses de Moscou, où il était membre du jury du Festival international. Avec un petit mot. C'était en 1962. Et puis, plus de nouvelles. Quatre mois plus tard, je l'ai retrouvé par hasard dans une exposition de photographies sur Cuba, place Saint-Germain-des-Prés. Et là nous ne nous sommes plus quittés.

Il faisait tellement noir à midi
qu'on voyait les étoiles

Le soleil de ce matin a disparu. Les nuages s'avancent sur le balcon. Soudain, il fait sombre. Sombre dehors. Sombre dedans. Je me sens vide. Totalement vide. Suis-je vraiment éteinte ? Non, je suis gagnée par une sorte d'accablement dans lequel je m'enferme moi-même. Les nouvelles entendues à la radio ne sont pas bonnes, la maison est tout d'un coup extrêmement calme. Et je regarde le tableau de mon enfance que je croyais représenter « La chèvre de M. Seguin ». Joris me manque. Je suis trop vieille pour pouvoir poser ma tête sur une épaule, j'aimerais tellement la poser sur la sienne, ou sur celle de mon père, oui, sur l'épaule de mon père. J'ai peur. J'en ai assez de tous ces cauchemars de petite fille perdue dans le monde, le monde indifférent, oppressant, violent. La violence subie par le jeune Ilan torturé à mort par le « gang des barbares » me terrifie. Est-ce prémonitoire ? Qui pourrait le dire ? Il en est, parmi mes proches, qui trouvent les Juifs paranoïaques. L'étaient-ils en 1930 ? Sommes-nous en 1930 ? On dit que l'Histoire ne se répète pas, mais certains signes n'en sont pas moins terrifiants. Ce ne sont pas les hommes qui me terrifient, c'est la vie elle-même. Je tremble de l'intérieur. Pourquoi suis-je revenue ? Pour quoi faire ? Je voudrais pleurer, mais il ne me reste plus de larmes.

Il est midi. Le ciel est noir, comme la phrase mise en exergue de l'exposition Picasso que je suis allée voir il y a quelques jours : « Il faisait telle-ment noir à midi qu'on voyait les étoiles. » Elle est de Picasso lui-même. À Birkenau aussi, le ciel était noir à midi. Ou rouge. Ça commençait par le noir, puis ça devenait rouge. À cause des flammes qui montaient des cheminées.

Les expositions me fatiguent désormais, car il m'est pénible de piétiner. Mais celle-ci, il fallait que j'y aille, à la fois pour Joris et pour moi-même, parce qu'on y projetait *Terre d'Espagne*. Un film que Joris a fait avec Hemingway en 1937. Installé alors en Amérique, il pressentait que la guerre d'Espagne annonçait un conflit plus large, qui deviendrait la Deuxième Guerre mondiale. Pour Joris et pour Hemingway, il fallait faire com-prendre en Amérique que la neutralité n'était pas la solution, que tôt ou tard, tout allait éclater. Le film, présenté à Roosevelt, a contribué à le convaincre d'engager son pays dans la guerre.

L'exposition montrait la période 1935-1945, les années que Picasso a passées avec la photographe Dora Maar. Les pires années du XXᵉ siècle. Dans beaucoup des tableaux exposés, il y a une violence qui m'a bouleversée, bien que je ne sois pas une lectrice avertie de l'art. Par exemple dans *Les Trois Grâces*. Pour moi, ces créatures n'ont rien de grâces. Elles portent des couronnes qui devraient nous réjouir. Mais la déformation des corps me rappelle les femmes nues de Birkenau, même si ces dernières étaient plus décharnées encore. Pourtant, leur regard n'est pas triste. Ce ne sont pas les visages, ce sont les corps. La vue de corps nus me fait toujours mal. Je revois une foule de corps nus dans une salle de douche...

Un autre tableau est intitulé *Le Charnier*. Le charnier en question gît sous une esquisse de nature morte, autrement dit les corps morts sont sous la vie – une nature morte, justement. Le cri des mains. Le pied d'un bébé... Quant au tableau *Le Chat saisissant un oiseau*, il évoque pour moi les bandes dessinées d'Art Spiegelman, *Maus*, dans lesquelles les nazis sont figurés en chats et les déportés en souris. Et quand je vois toutes ces valises photographiées par Dora Maar, cela me rend malade. Encore une prémonition ? Je revois le musée d'Auschwitz, ses valises, de bien pauvres valises. On parle toujours des « Juifs riches », or beaucoup étaient pauvres. Ils partaient avec des valises malades. Mais contrairement à celle d'Auschwitz, l'accumulation des valises de Dora Maar est ordonnée.

Et puis il y a les photos du *making of* de *Guernica*. Dora Maar en a photographié toutes les étapes. Ce tableau que j'ai découvert après la guerre représentait à mes yeux toute l'horreur des camps. Pendant douze ans, j'en ai eu une reproduction dans mon appartement ; je l'ai encore, d'ailleurs, dans la cave, très abîmée par le temps. L'affiche devait mesurer deux mètres sur un mètre cinquante. Elle évoquait pour moi Birkenau, mais aussi bien sûr la guerre d'Espagne, et ce qu'on en disait dans ma famille, deux oncles qui avaient rejoint les Brigades internationales. J'y voyais la destruction des êtres, le cri des hommes démembrés. Pour moi, Guernica, c'est aussi Oradour-sur-Glane, ce village dont les hommes ont été systématiquement massacrés par une troupe de Waffen SS, les femmes et les enfants rassemblés dans l'église et brûlés. C'est le non-discernement. Les corps mêlés, fragmentés, éclatés. J'ai vécu cette horreur-là, cette destruction. Elle me poursuivait la nuit dans mes cauchemars, et je la retrouvais dans la journée sur cette affiche. C'était le seul tableau qui me renvoyait à quelque chose de ma propre vie. Les cris de *Guernica*, je les ai vus à Birkenau. On dit toujours que l'horreur des camps n'est pas représentable, mais Picasso l'a fait. Oui, il a su. Le peintre Zoran Musik aussi, mais Musik a été déporté. Picasso l'a fait avant tout le monde, Chaplin aussi, à sa manière, par la dérision.

Quand Joris a vu chez moi cette reproduction de *Guernica*, il a été bouleversé. Nous étions très amoureux. Pourtant je n'aimais pas trop la Hollande, *a priori*, ni les protestants quand ils ont le pouvoir. Ils ont fait l'Afrique du Sud et l'Indonésie. Et ils ont déporté quatre-vingt-dix pour cent de

185

leurs Juifs, alors que la France en a déporté « seulement » vingt-cinq pour cent, ce dont elle est très fière et dont elle devrait quand même avoir honte.

Joris était hollandais, mais catholique. Il avait quitté son pays rejeté par son père et par ses compatriotes pour avoir osé faire le film *Misère au Borinage*. Ce magnifique film muet raconte une grève des mineurs, en Belgique, qui s'est achevée en 1933 dans une violence inouïe. Interdit pendant des dizaines d'années, il ne ressurgira qu'après 1968. Joris était parti en Amérique avec cinquante dollars en poche. Il n'a jamais revu son père. Ni sa mère. Il a eu du mal à quitter son père, il a eu du mal à quitter le parti communiste. Il avait du mal à quitter les femmes, il ne les affrontait jamais. C'était sa faiblesse. Mais il avait pris conscience, dans sa jeunesse, de l'exploitation des peuples et des classes ouvrières européennes, et croyait que les hommes pouvaient changer le monde.

Avec Joris, une autre vie a commencé. Même si les débuts furent longs et difficiles entre nous, en raison de ses absences. Il avait une épouse en Pologne ; il ne fallait pas qu'elle sache. J'allais le rejoindre à Rome, à Genève, dans des grands hôtels, un jour, deux jours, puis je revenais. Il me payait l'avion, il payait tout. Quand il faisait un film, il avait de l'argent. Sa femme polonaise s'appelait Eva Fischer. C'était une résistante qui avait connu la prison. Par amour pour Joris, elle s'était jetée dans la Vistule – elle avait été repêchée à temps. Elle était folle amoureuse de Joris, lui pas vraiment. Il l'avait épousée parce qu'elle s'était jetée dans la Vistule pour lui. En fait, Joris ne s'entendait pas du tout avec elle. C'était une intello un peu prétentieuse qui ne comprenait pas que Joris était un poète, un être compliqué, mais en même temps plus simple et plus naïf qu'il ne semblait et pas du tout intellectuel.

Quand nous nous sommes revus, dans cette exposition de photos sur Cuba, que nous sommes-nous dit ? Sans doute : « Et si on allait déjeuner ensemble ? » Et après : « Tu devrais venir chez moi. » Et ensuite : « Tu devrais rester un peu. »

Nous sommes allés manger aux Charpentiers, ce restaurant des compagnons du Tour de France, à l'époque très populaire et très bon, devenu depuis un établissement de luxe dans le mauvais sens du terme – de la nouvelle cuisine, de plus en plus chère, ça m'ennuie profondément ; mais il doit bien encore y avoir deux ou trois plats mangeables.

Puis Joris m'a emmenée dans un endroit glauque, chez lui, rue Guisarde, au sixième étage sans ascenseur – avec son asthme ! Au secours ! Pour se laver, on utilisait les W.-C., qui faisaient en même temps douche. Un homme si célèbre qui vivait si pauvrement. Moi, j'habitais alors dans un appartement certes pas très confortable mais vaste, genre loft. Et puis j'étais moderne. Meublée années 1950. Carrément. Un mur gris, un mur vert, un mur blanc. À soixante ans, Joris, lui, était resté pauvre. Mais Marceline a pris tout cela en main. J'ai créé la maison de production. J'avais envie de partir avec lui au Vietnam, je voulais appliquer les nouvelles méthodes du cinéma direct. Nous avons tourné *17ᵉ parallèle* ensemble. J'ai fait le son du film sans en avoir jamais fait auparavant, et véritablement participé à sa réalisation en apportant les nouvelles idées cinématographiques des années 1960, de la « nouvelle vague ».

La ligne de feu

En 1967, Joris et moi étions à Hanoi. Notre but était de convaincre Pham Van Dong, Premier ministre du Vietnam du Nord, de nous laisser aller à l'endroit le plus dangereux de l'attaque américaine. Presque tous les films faits au Vietnam par les étrangers étaient tournés dans la capitale, dans le port de Haiphong ou dans les provinces du Sud. Joris voulait pénétrer dans une région qu'aucun cinéaste non vietnamien n'avait filmée : le district de Vinh-Linh, sur le 17e parallèle, qu'on appelait alors la ligne de feu. Il marquait la frontière avec le Vietnam du Sud.

Nous étions dans le jardin du palais présidentiel, il faisait beau, j'étais bras nus. Est arrivé tout d'un coup un petit homme plié en deux sur une canne, portant une grande barbe avec des poils poivre et sel, très drôle. C'était Ho Chi Minh. Il s'est approché, s'est assis. Il écoutait notre conversation. Pham Van Dong voulait bien que Joris parte, mais pas moi. Joris avait alors soixante-dix ans. Moi presque quarante. Mais aux yeux du Premier

189

ministre vietnamien, j'étais une petite Parisienne en talons hauts, une « femme fragile ». Tout d'un coup, Ho Chi Minh a vu mon numéro de matricule sur mon bras nu. Alors il m'a demandé : « Tu étais à Auschwitz, toi ? »

J'ai répondu que oui.

« Tu es restée longtemps ? »

Je lui ai donné les dates.

« Ils ne t'ont pas cramée, là-bas ?

— La preuve que non.

— Eh bien, dans mon pays, tu as le droit de faire ce que tu veux. Tu iras sur le 17e parallèle. »

Alors nous sommes partis. Les premiers jours, nous avons vécu terrés. C'est à peine si nous pouvions mettre le nez hors de l'abri pour jeter un coup d'œil sur ce qui serait notre lieu de tournage pendant des semaines. Nous ne voyions pas grand-chose : une forêt de théiers, de jacquiers et de bananiers bouchait l'horizon de tous côtés. Mais nous entendions beaucoup. Les bombardements aériens et les pilonnages par l'artillerie n'ont jamais cessé plus d'un quart d'heure. Assiégés dans leur base de Con Thien, à quelques kilomètres de nous, par le FNL (le Front national de libération), les Américains essayaient de desserrer l'étau en matraquant la rive nord de la rivière Ben Hai. De notre côté. On nous tirait dessus du ciel, de la terre et de la mer.

Au fond de l'abri, plusieurs mètres sous la surface de la terre, les parois vibraient sous les impacts. Les explosions réverbérées et assourdies par l'argile produisaient un son étrange, étouffé et rythmé, comme des battements de cœur amplifiés démesurément. Parfois, il y avait de longs ébranlements graves, comme les notes de basse d'un orgue : c'étaient les bombes de mille kilos ou plus, celles qui ouvraient des cratères de vingt mètres de diamètre.

Notre refuge souterrain était immense. Au bout d'interminables boyaux qui s'enfonçaient loin dans la terre, on débouchait sur de grandes salles dont certaines faisaient dix mètres de longueur, éclairées par des lampes à essence qui projetaient sur les murs tendus de tissus colorés une lumière verte. Il y avait des salles de réunion, des dortoirs.

Nous dormions dans une vraie chambre, de cinq mètres sur trois, meublée de deux lits, une table, deux chaises. Plusieurs couloirs y aboutissaient, qui permettaient une sortie rapide. Un des boyaux s'enfonçait encore plus profondément sous la terre : nous étions déjà prêts à affronter les bombardements lourds par les B-52.

Lors du premier bombardement qui nous a atteints, si nous ne nous étions pas sauvés de l'abri où nous vivions, nous aurions été tous les deux sûrement tués. Les valises, tous nos bagages étaient pleins de trous de bombes à billes, et un de nos opérateurs était blessé. J'ai eu très peur. Joris m'a dit : « Il faut que tu réfléchisses bien. Si tu veux rentrer à Paris, rentre, mais sache qu'il n'y a pas une bombe qui porte ton nom. Ni le mien. Notre survie dépend de notre vigilance. Si tu veux rentrer, je ne t'en voudrai pas du tout, je comprendrai

parfaitement. » J'ai répondu : « Je continue. »
Même si les bombardements du Vietnam me ren-
voyaient à ceux que j'avais connus pendant la
guerre. À Épinal, où nous étions obligés de descendre dans les abris. Malheureusement, les camps
n'ont pas été bombardés. Pour nous, cela aurait été
un bonheur. J'ai vécu les bombardements anglais
quand je travaillais à l'usine de Raghun, en Saxe,
après Bergen-Belsen. Nous sautions de joie, nous
les appelions sur nous. Nous n'avions pas peur de
mourir. Nous n'en pouvions plus. C'étaient des
signes que la fin était proche. C'était le bonheur.
Les Allemands avaient peur, mais pas nous. Mourir
n'importe comment plutôt que de la main des Allemands. J'ai tout de même été blessée dans un bombardement sur la route en allant au 17e parallèle ;
après dix jours passés dans un hôpital souterrain,
j'ai rejoint Joris en prenant une piste éminemment
secrète, la piste Ho Chi Minh.

C'est une jeune femme, sur le 17e parallèle, qui
nous a expliqué comment agir face aux bombes :
« Si tu les vois longues, tu ne cours pas de danger.
Si tu les vois rondes, il faut te sauver à toute
vitesse. C'est qu'elles te tombent dessus. » Une
révélation, pour moi.
Au Vietnam, j'ai appris à lire les signes qui
venaient du ciel. À trouver même une beauté
étrange aux fusées éclairantes, quand le ciel était
comme dans *Apocalypse Now*. Oui, j'ai vécu ce
sentiment d'exaltation. Tout d'un coup, la nuit
s'illuminait. Ça signifiait que les bombardiers amé-

ricains cherchaient leur cible, qu'il fallait se protéger. Joris disait que, dans cette guerre, on était près
de la nature. Il m'apprenait à écouter. L'orage. Le
son du tonnerre différait de celui d'un bombardement. Il était plus rond, plus naturel, plus volumi-
neux, avec plus d'écho dans l'espace. Le tonnerre,
ça se propage vers le haut, vers le bas, derrière et
devant les nuages, vers l'horizon. Sauf s'il est
proche. Alors il ressemble aux bombes lourdes.
Quand les bombes explosent près de toi, tu sens, tu
entends le métal qui déchire, un son inhumain.

C'est au Vietnam, avec Joris, que j'ai commencé
à me geler de l'intérieur, parce que je me projetais
complètement dans des événements extérieurs. Ce
n'était pas une ouverture aux autres. C'était comme
si le langage que j'utilisais n'était plus le mien.
J'étais dans l'action, je faisais des films, il fallait
résoudre des problèmes, prendre parti, lutter. Je ne
pensais plus à moi. Mais il ne s'agissait pas de
compassion. C'était abstrait. Même si les bombes
et la mort au quotidien étaient bien réelles. C'était
la politique. J'étais obsédée par l'idée de participer
à une aventure qui changerait le monde ; d'aider les
plus misérables, les plus pauvres. En fait, c'était
une illusion. Les gens se libèrent eux-mêmes ou
pas du tout.

Une envie de raviolis

Toutes ces histoires m'ont ouvert l'appétit. Je mangerais bien un truc. Mais quoi ? Je ne suis pas descendue faire les courses. Le samedi, je ne descends jamais. Ce quartier est devenu comme le boulevard Haussmann entre les Galeries Lafayette et le Printemps. La foule qui fait du lèche-vitrine. Et que des boutiques de luxe. Plus le moindre petit commerçant. À l'angle de la rue des Saints-Pères et du boulevard Saint-Germain, il y avait autrefois un restaurant très agréable – Joris et moi, c'était notre cantine. On y mangeait de la vraie cuisine française toute simple, par exemple des lentilles. C'est devenu une boutique Sonia Rykiel. À l'angle de la rue du Dragon et du boulevard Saint-Germain, il y avait mon boucher. Tout ça disparaît au bénéfice d'une folie de vêtements très chers. Ça change tout le temps, est-ce que ça marche ? L'immeuble que j'habite est très ancien et, à l'origine, plutôt modeste. Il date de 1795. Il devait être occupé par les domestiques et les laquais des hôtels particuliers avoisinants. Tous les bâtis sont en chêne.

Dans la maison, je suis la seule à n'avoir rien cassé de la structure d'origine. Sur les poutres, il y a des inscriptions, les signes des charpentiers. On sent que la main de l'homme est passée là, la main d'hommes disparus. Comment le signe peut rester alors que l'homme n'est plus là ?

Au pire, je peux grignoter un bout de pain. J'en ai toujours, à la maison. Le pain, pour moi, c'est la base de la nourriture. Entre les deux guerres, on mangeait beaucoup de pain. Et au camp, l'arrivée du pain était un moment essentiel. Encore maintenant, je mange beaucoup de pain, même sec, sans rien. Pendant longtemps, je gardais un morceau de pain dans mon sac, tous mes papiers et un morceau de pain. On ne sait jamais...

Voyons ce qu'il y a dans le sac à pain. Un pavé simple, qui ressemble au vrai pain d'avant. Du pain juif. Avec du cumin, tout moisi. J'ai toujours du mal à jeter le pain. Et puis du pain iranien acheté dans une petite boutique du quartier. Et du pain azyme, ça, j'en ai toujours. Même quand je n'ai plus de pain, j'ai encore du pain azyme. C'est du pain de Pâques, qui symbolise l'exode, le pain que les Juifs mangeaient dans le désert, sans levain.

Je sais que la mode aujourd'hui est au pain noir, mais moi, je n'aime que le pain blanc. C'est la liberté retrouvée, sans doute. C'est le bon pain. Le pain de l'après-guerre, et d'avant la guerre. Au camp, nous avions une espèce de pain de son gris, très lourd et aigre, des pavés rectangulaires qu'on coupait pour huit ou dix personnes en toutes petites rations. Je mangeais mon bout de pain presque en une seule fois. J'avais du mal à le mettre de côté. Il y avait des filles qui le grignotaient, très lentement. Elles me disaient : « Tu manges ton pain trop vite. Tout à l'heure, tu n'auras plus rien.

— Oui, mais au moins, là, je sens que j'ai mangé. »

Et après, je crevais de faim bien sûr. J'étais boulimique avec le pain comme je le suis aujourd'hui avec l'herbe, la même fuite du réel, sans doute. Pourtant, quoi de plus réel que le pain ? Si on a du pain, on peut toujours manger. Finalement – est-ce l'âge ou l'habitude ? – je peux me passer de toute nourriture, sauf de pain.

À vrai dire, je mangerais bien un bouillon *krepler*. Le bouillon *krepler* est une variété de raviolis farcis de viande, d'ail et de foies de volaille hachés ensemble avec beaucoup d'oignons. C'est délicieux. Mais il faut de la viande de bœuf bouillie, pour faire les *kreplers*. Et beaucoup de foies de volaille. C'est très léger. On met la farce dans la pâte, que l'on plie en triangle. J'en ai dans mon frigo. J'en ai acheté six l'autre jour, en prévision. Congelés, mais ils sont très bons ; je les fais cuire à l'eau, puis je les mets dans un bouillon de poulet ou de bœuf, ou dans une sauce.

À Birkenau, j'avais un rêve : me plonger dans une baignoire pleine de bouillon *krepler*, tout manger et tout boire. Un rêve de faim. Entrer dans un bouillon chaud, quand il faisait si froid. Quelle souffrance, le froid, la faim, le ventre vide, le corps maigre, de plus en plus maigre comme le pauvre nègre de la chanson de Piaf, le manque de sommeil, et la folie qui te guette, la mémoire que tu perds... comme dans ces régimes à base de jeûne prolongé – si tu ne manges que du raisin, par exemple, pendant des jours, ça te met *high*. Là-bas aussi, tu étais *high*, mais si ça virait à la folie, c'était foutu pour toi, tu étais bonne pour les gaz. Dans cet état, tu ne retrouves plus le visage de ta mère, tu ne te souviens plus comment s'appelle ton petit frère, tu ne sais plus, tu cherches...

Pour ne pas glisser dans la folie, les filles se racontaient des recettes. Comment elles faisaient la blanquette de veau. Elles se nourrissaient de recettes. C'était à qui connaissait les plus subtiles, les plus compliquées. Moi, je ne savais pas faire la cuisine, je n'étais pas trop dans les recettes ; j'étais plutôt dans les histoires, mais je ne me souviens plus lesquelles. C'est mon malheur. De même que je ne me souviens plus de ce que mon père m'a écrit dans sa dernière lettre.

Mais je n'avais pas oublié le visage de mon père, parce qu'il vivait ce que je vivais. Il était dans mon monde, donc il n'était pas effacé. La survie te conduit à ne penser qu'à l'instant immédiat, qu'à toi. J'étais dans un univers qui n'était pas partageable, et donc le reste s'effaçait. Au début, j'avais des réserves. Mais plus le temps passait, plus je devenais une loque. Nous portons chacun une loque en nous. Tous. Mais nous n'en sommes pas conscients. Nous portons tous une loque en nous. Nous ne la connaissons pas parce qu'elle ne s'exprime pas ; elle ne s'exprime que dans certaines circonstances, mais elle est là. Être une loque, c'est ne plus avoir de pensée, sinon trouver un peu d'eau, essayer de se rassasier, surveiller que le bol de soupe soit le même que celui des autres. Tu ne penses qu'à cela. Ton corps se vide, mais ta tête aussi se vide.

Pourtant, pour Yom Kippour, à Birkenau, j'ai jeûné. Alors que je n'étais pas pieuse. Comme pour en appeler à Dieu, tout d'un coup, tellement j'étais malade, désemparée – il fallait qu'il se révèle, s'il ne se révélait pas... Plus tard, une copine m'a donné une autre explication : « Ce n'était pas ça. En jeûnant pour Yom Kippour, tu affirmais ta dignité face aux SS, tu refusais leur pain, tu leur disais merde. » Oui, je leur disais que j'étais encore une personne humaine.

Cela me rappelle une histoire qu'on vient de me raconter : ce sont deux Juifs, à Birkenau. L'un est athée, l'autre est pieux. Le Juif pieux remercie Dieu de l'avoir mis là où il est. L'autre lui dit : « Nous allons finir dans la chambre à gaz et tu remercies Dieu d'être là où tu es ? Comment peux-tu faire ça ? » Un SS et un kapo sont non loin de là. Le Juif pieux continue à prier : « Oui, merci, merci, merci Dieu de m'avoir mis là où je suis et pas là où ils sont. Parce que là où ils sont, pour moi, ce serait insupportable. »

Voyons ces raviolis dans le frigo. Bizarrement, ils me rappellent la Chine. Les Chinois font le même genre de raviolis. Sauf que chez les Juifs, on les façonne un peu plus épais. La société chinoise m'émeut parce qu'elle est proche de là d'où je viens. Il y a les raviolis – ma mère faisait des raviolis. Les façons de se nourrir se ressemblent. Ce pays où tout se mange, où on ne jette pas la moitié d'un truc... J'ai été élevée comme ça. Le sentiment familial, si puissant, qui m'a tant manqué au retour des camps. L'importance des enfants. Ce côté laborieux des Chinois, un peuple capable de se débrouiller avec tout ce qu'il trouve, un peuple dur aussi, avec une longue histoire, aussi longue que la nôtre, une continuité historique. Une gaieté naturelle, mais aussi la peur de perdre la face, présente dans la tradition confucéenne. Leur façon de parler de manière à ne pas blesser, de parler sans fin, de négocier. Un peuple de grands commerçants, comme le peuple juif. Et puis, il y a dans les philosophies juive et chinoise cette même idée de « retournement » nécessaire, il faut sortir des limites de son moi pour changer le monde en transmuant le passé, en une sorte de révolution permanente. Dans le judaïsme, on parle de *téchouvah*, en Chine, c'est *fan shen*, le retournement total à l'intérieur de soi. C'est un mot que j'ai entendu souvent pendant la révolution culturelle : « Faire *fan shen*. » Un bouleversement de l'intérieur, qui fait que l'on change du tout au tout en restant soi-même. Mais il faudrait en connaître le sens profond, dans la pensée chinoise.

Déplacer les montagnes

Je suis allée une première fois en Chine avec Joris, en 1965. Joris était en transit ; il se rendait à Hanoi pour filmer l'intervention américaine dans le Vietnam du Nord, film intitulé *Le Ciel, la Terre*. J'avais été très impressionnée par ce pays, mais je supportais mal la référence inlassablement répétée : « Grâce au président Mao... » Je me souviens d'avoir fait le décompte, dans un musée : cent vingt fois en une heure : « Grâce au président Mao... » Puis nous l'avons traversée en 1967 pour aller tourner le film sur le 17e parallèle. Pour se rendre au Vietnam du Nord, il fallait alors passer par Moscou, Omsk, Tomsk, Pékin. De là, traverser du nord au sud la Chine jusqu'à Nanning, ville frontière, et prendre un avion pour Hanoi. La Chine était alors en pleine révolution culturelle. Nous n'étions pas reçus par les autorités chinoises parce que considérés comme des sociaux-démocrates par l'extrême gauche chinoise très puissante à ce moment-là. À l'aéroport, un officiel chinois nous a accueillis, par correction. C'est tout. Nous étions en transit, pris en charge par l'ambassade du Vietnam à Pékin.

Nous avons tout de même essayé d'aller nous balader dans des quartiers où nous avions des amis européens ou américains, qui vivaient en Chine depuis la fin des années 1930, qui avaient participé à la lutte contre l'invasion japonaise, puis contre Tchang Kai-shek, ou des Juifs émigrés à Shanghai. On le sait peu, mais trente mille Juifs se sont réfugiés à Shanghai pendant la Deuxième Guerre mondiale. Les Japonais les ont internés, mais pas exterminés. Être sur le sol chinois les a sauvés. Nous nous promenions dans les rues où Joris savait qu'il avait un ami : « S'il sort, nous irons lui dire bonjour, mais nous ne pouvons pas aller sonner chez lui, ça le mettrait en danger. » En 1967, les murs de Pékin étaient envahis de slogans contre l'Union soviétique, du genre : « Que Brejnev soit pendu et que Kossyguine soit frit. » Et contre Liu Shaoqi, Président de la République. Il était impossible de changer des dollars contre des yuans, et les employés des hôtels refusaient de porter les bagages dans les chambres. J'ai rencontré dans notre hôtel une Belge d'un certain âge, qui, affligée d'un terrible rhume de cerveau, devait repartir en Europe chargée de cent trente-cinq mouchoirs sales, les employés refusant de laver le linge des étrangers. Dans les avions, les hôtesses de l'air distribuaient des boîtes de nourriture couvertes de slogans antisoviétiques rédigés en langue anglaise.

Nous avons pu retourner officiellement en Chine quand Zhou Enlai a repris le pouvoir – Zhou Enlai, un homme d'État qui a protégé tant de lieux que, par folie ou par ignorance, les gardes rouges s'apprêtaient à détruire au nom du mot d'ordre de Mao : lutter contre les quatre « vieilles », les vieilles mœurs, les vieilles habitudes, les vieilles coutumes, les vieilles croyances. C'était fin 1971. Nous étions alors à Tokyo, où nous assistions à un séminaire organisé par une chaîne de télévision culturelle. Zhou Enlai nous a invités par l'intermédiaire de l'ambassade de Chine au Japon. Au lieu de rentrer directement en France, nous sommes donc allés passer un mois en Chine. Zhou Enlai connaissait Joris depuis 1938. Il était alors l'agent de liaison entre l'état-major de Tchang Kai-shek et la 8e armée de route de Mao Zedong, les communistes ayant à l'époque fait alliance avec le Guomindang contre l'envahisseur japonais. Joris, lui, était venu faire un film sur ce front uni. À la fin du tournage de *400 millions*, il avait rencontré Zhou Enlai, qui lui avait expliqué les difficultés des révolutionnaires à Yen-an : « Nous avons bien quelques opérateurs de cinéma, mais nous ne possédons aucune caméra. » Joris lui avait alors fait cadeau de sa caméra portative et de sa pellicule. Toutes les images de la Longue Marche ont été prises avec cette caméra. Ça, les Chinois ne l'ont jamais oublié. Tout cela s'était effectué en cachette de Tchang Kai-shek, il ne voulait à aucun prix que Joris filme Zhou Enlai et les généraux rouges. Joris était sous surveillance nuit et jour.

En 1958, Joris revenait en Chine pour la première fois depuis le tournage de *400 millions* en

1938. Il avait alors revu Zhou Enlai, qui était devenu un ami. C'était l'époque du Grand Bond en avant. Joris avait refusé de faire un film sur les communes populaires et les hauts-fourneaux, parce qu'il n'y croyait pas du tout. Il a proposé, au lieu de ça, de tourner un documentaire destiné à enseigner l'emploi de la couleur aux opérateurs chinois. *Lettre de Chine* est un film sur les quatre saisons, tout à fait anodin, charmant, pédagogique.

En 1971, Zhou Enlai nous a reçus à l'Assemblée nationale. J'ai été tout de suite impressionnée par cet homme courtois et intelligent.

« Est-ce que vous êtes venus avec une caméra ? nous a-t-il demandé.

— Non.

— Vous auriez dû. Vous devriez faire un film qui montrerait une Chine pas forcément rose. »

Il attaquait la gauche. Il parlait en chinois avec un interprète, puis il a parlé un peu en français avec moi, comme ça. Il savait tout sur moi. Que j'étais d'origine juive polonaise, que j'avais perdu quarante-cinq personnes de ma famille pendant la guerre, que j'avais été internée dans un camp d'extermination. C'était peut-être de l'opportunisme, de sa part. Mais il avait aussi une attention à mon égard qu'il n'était pas obligé d'avoir, car après tout je n'étais qu'une épouse de Joris de plus, il en avait vu d'autres. En 1958, Joris était venu avec Eva Fischer, sa femme polonaise.

En 1971, Joris était obsédé par l'absence d'un homme qu'il aimait énormément, dont il n'avait pas de nouvelles depuis des années. Liao Shenshe était le fils du ministre des Affaires étrangères de Sun Yat-sen, qu'il avait connu aux États-Unis. Joris demandait : « Où est Liao Shenshe ? » On lui répondait : « Il est malade et ceci et cela. » Joris était inquiet. Un soir que nous étions au théâtre, à Nankin, pour assister à une pièce révolutionnaire nulle, une femme placée derrière nous s'est penchée et nous a chuchoté quelques mots. C'était la femme de Liao Shenshe, venue spécialement de Pékin pour nous donner des nouvelles de son mari. À la chinoise, dans le creux de l'oreille, de façon que personne ne la repère. Elle était arrivée là grâce à un réseau, curieusement des gens de la Révolution culturelle, qui avait organisé son voyage depuis Pékin et la rencontre clandestine. « Mon mari est malade, a-t-elle chuchoté à Joris, il a été arrêté par les gardes rouges, il souffre du cœur, il est à l'hôpital, il va sortir un de ces jours. »

Au cours de notre deuxième rencontre, en 1972, période de tournage de nos films, j'ai transmis à Zhou Enlai cette question que des maoïstes, en France, m'avaient chargée de lui poser :
« Qu'est-ce que vous pensez des mouvements étudiants en France, en Italie, en Allemagne et de leur développement ?
— Dites-leur que ce sont des criminels, m'a répondu Zhou Enlai, qu'ils feraient mieux de retourner à l'université. » Et il a ajouté : « En France, il n'y a pas de situation révolutionnaire. »
Quand j'ai rapporté ces propos aux maoïstes fran-

çais, ils m'ont dit : « Zhou Enlai n'a rien compris à Mai 68. »

Il y avait eu Mai 68, les ouvriers remettaient en cause les hiérarchies. J'allais parler de la Chine dans les usines et j'enregistrais les questions qui m'étaient posées, puis je les systématisais. C'est ainsi que je suis partie en Chine avec deux cents questions. Mais pas comme maoïste. Joris non plus. Pour nous, l'idée était d'établir un pont, de sortir du cliché européen qui montrait les hommes comme des fourmis bleues toutes pareilles alignées sous la pensée de Mao.

J'avais toujours voulu vivre comme quelqu'un qui n'a rien à perdre. La perspective d'une vie sans risque m'ennuyait profondément. Ma disponibilité était inchangée depuis le tournage de *Chronique d'un été*, dans lequel je disais : « Quand je descends dans la rue, je ne sais pas toujours ce que je vais faire. Et pour moi, l'aventure est toujours au coin de la rue. »

Le coin de la rue, avec Joris, c'était la Chine. Par dérision, le personnage de Mata Hari me trottait dans la tête. J'avais le goût d'être, non une espionne, mais une messagère, une passerelle. J'apportais en douce les livres français sur le cinéma que les professeurs chinois francophones me demandaient. Sur place, je n'étais pas aussi sage qu'ils l'auraient souhaité. J'étais la « femme derrière le rideau », comme disent les Chinois, qui dictait à Joris des pensées rebelles. Oui, j'ai été surveillée, traitée d'espionne par Jiang Qing, la femme de Mao. Quand nous étions au Sin-kiang, un Chinois me suivait pour reprendre dans mon dos toutes les photos que je prenais. Chaque fois que je me retournais, il faisait semblant de regarder en l'air. Après cela, il y a eu un rapport contre moi, comme quoi je ne photographiais que les pieds bandés, les femmes voilées... Fait étrange : Joris avait vécu exactement la même situation en 1938, mais sous surveillance de Tchang Kai-shek.

Au retour du Sin-kiang, nous avons refusé de poursuivre le travail. Les films que nous y avions tournés étaient trop faux pour être montrés. Quand nous avions demandé à filmer la sortie d'une usine, ils nous avaient endimanché les ouvriers, qui sortaient de là, à sept heures du matin, beaux comme au sortir de la messe. On aurait dit un film hollywoodien ; ils mobilisaient leurs masses. Une véritable machinerie à embellir le réel.

De retour à Pékin, nous avons donc déclaré que nous ne travaillerions pas sans une personne compétente pour nous assister. Cela a duré deux mois et demi. Un homme nous a été proposé, dont nous n'avons jamais connu l'histoire exacte. Apparemment, il avait été envoyé à la campagne dans une « école du 7 mai » et Zhou Enlai l'avait fait sortir pour travailler avec nous. Avant la Révolution culturelle, cet homme était le secrétaire général des mouvements de jeunesse.

Nous avons très vite compris que les lieux de tournage étaient arrangés. Joris disait : « Quand on reçoit un invité, on nettoie la table et on range la vaisselle. D'autant plus quand l'invité arrive avec une caméra. » Mais en même temps, nous pensions que, même dans ces lieux choisis, nous pourrions discerner le chemin dans lequel s'engageait la société chinoise. Cette Révolution culturelle avait-elle réellement changé les rapports entre les hommes ? C'était la question la plus souvent posée par les Français que j'avais rencontrés lors de mes enquêtes. C'était ça qui nous intéressait, à un moment où la France avait connu une révolution idéologique, éminemment critiquable pour ses effets ultérieurs, mais éminemment juste au regard de l'idéologie ambiante, celle de la bourgeoisie française conformiste, d'une télévision totalement contrôlée et de la censure, etc.

Pendant le tournage, au cours d'une consultation, un médecin chinois a trouvé une boule dans mon sein. Il a convoqué Joris pour lui dire qu'il allait faire une biopsie ; si c'était cancéreux, il m'enlèverait le sein. Puis le médecin m'a convoquée à mon tour. C'était à l'hôpital Capital, il me semble. Selon lui, et selon la pensée de Mao, « une étincelle peut mettre le feu à la plaine », autrement dit la présence d'une boule pouvait conduire à la perte du sein. Moi je me disais : « Ce serait peut-être mieux de rentrer à Paris, plus rassurant. » À cette époque, c'était la mode, en Chine, de pratiquer des opérations sans anesthésie, juste avec la pensée de Mao et l'acuponcture. Des rumeurs circulaient... Mais le médecin m'a convaincue, et Joris aussi : « Ce n'est pas grave ; si nécessaire, on te mettra un faux sein, et tu sais que les médecins chinois sont très bons. » J'ai donc accepté. La biopsie a été une épreuve, non que j'aie eu mal, car j'étais tout de même sous anesthésie locale, mais je me suis sentie déchirée. Ils m'ont charcutée, puis ils m'ont signalé que la table d'opération était prête, si l'analyse révélait des cellules cancéreuses. Mais heureusement, grâce à la pensée de Mao, il n'y a pas eu de cancer.

En 1975, nous sommes retournés en Chine pour tourner quelques prises de vues sur Pékin, qui nous manquaient. Nous avions emporté dans nos bagages trois films terminés dans le but de les montrer aux gens qui y figuraient – ce qui nous a été interdit.

Il y a des choses que nous n'avons pas racontées, à notre retour. Nous n'avons pas raconté que nous étions critiqués de façon abominable par Jiang Qing, la femme de Mao. Ni que, lors de notre départ, en 1975, quarante personnes nous accompagnaient à l'aéroport en pleurant, parce qu'elles pensaient que nous ne reviendrions jamais en Chine. Zhou Enlai nous avait fait demander avant de mourir de sortir les films le plus vite possible, et de ne pas revenir, car la femme de Mao voulait les censurer. Elle trouvait qu'on y voyait trop de pauvres, et il y avait ce pêcheur qui confiait ne pas comprendre la Révolution culturelle. Pourtant, Dieu sait s'ils étaient plutôt roses, nos films. On nous demandait soixante et une coupures, c'était un tribunal populaire, avec le ministre du Cinéma qui a fini en prison et qui y est mort, je crois. Joris avait refusé de faire un film sur Jiang Qing. Il lui avait dit : « Je ne fais jamais de films sur les chefs. » Elle nous haïssait. Nous avons hésité : est-ce que nous révélerions ces ennuis avec Jiang Qing ? Joris et moi avons décidé que non. Nous pensions que cela risquait de nourrir, encore plus, le concert antichinois en vigueur en Occident. Avons-nous commis une erreur ? En tout cas, nous l'avons payé très cher. Encore aujourd'hui, Joris, même mort, continue à payer, et moi aussi, bien sûr.

Les films, six au total, sont sortis en mars 1976, sous le titre général : *Comment Yukong déplaça les montagnes*. Ils ont connu un retentissement immédiat, immense. C'étaient les premières images d'un pays où personne n'allait. Pour la première fois on voyait les Chinois comme des gens ordinaires, comme nous.

Les situationnistes avaient fait un film contre la Chine, *La dialectique peut-elle casser des briques*, dans lequel on voit une photo de Joris et moi prise avec Jiang Qing lors d'une réception. Nous étions invités, nous ne pouvions pas ne pas y aller. Jiang Qing, qui était alors en période de ménopause, souffrait et transpirait énormément ; il lui fallait dix serviettes par jour pour s'éponger. Cette photo a été utilisée pour prouver que nous étions de la Bande des Quatre. Alors que nous n'étions pas des gauchos. Ils ont déconstruit la Révolution culturelle, qui méritait au moins d'être analysée. Mais ça, c'est l'affaire des Chinois. Tout cela n'était certes pas rose. La Révolution française non plus n'a pas été rose. Il n'y a pas de révolution sans violence. Toutes les révolutions mangent leurs propres enfants. Elles dévorent les premiers, mais il en reste quelque chose qui se développe à travers les siècles. Les révoltes, les convulsions et la terreur de la Révolution française ont tout de même conduit ce pays jusqu'à la démocratie, jusqu'à la séparation de l'Église et de l'État.

Il a fallu beaucoup d'années, mais le temps des hommes n'est pas le temps de l'Histoire.

Aller à la montagne

Alors j'ai traversé une crise profonde. Comme quoi j'avais rêvé faux, que le réel était différent, que j'avais perdu contact avec la réalité, pour une illusion. Car les yeux ne perçoivent que ce qu'ils veulent bien voir. Ils sont sélectifs, ils ne voient que ce que l'on croit voir ; ils voient véritablement, mais dans des lieux limités.

Certains amis ex-gauchistes se prévalent d'avoir été clairvoyants avant moi. Tant mieux pour eux. Moi, il m'a fallu tout ce temps-là. Et alors ? Longtemps j'ai été mêlée à l'histoire de ce monde, à ses évolutions cruelles et violentes. Malgré moi ou délibérément. On m'a traitée de gauchiste – je devais certes être assez radicale, de par mon tempérament, avec des idées arrêtées. La politique m'avait gelée de l'intérieur. En fait, je n'ai jamais appartenu à aucun groupe. Dès que j'étais pour, j'étais contre. Je n'étais même pas à Paris en mai 1968. Je me trouvais au Laos, avec Joris et Jean-Pierre, en train de tourner un film sur une guerre oubliée. Mai 68, je l'ai vécu à la radio, dans les grottes du Laos. J'avais un appareil Zénith, la radio des grands professionnels de la guerre sur lequel on pouvait capter le monde entier. Ni Joris ni moi ne pouvions vivre sans savoir ce qui se passait ailleurs, et c'est pour cela que nous l'avions emporté. Et du fond de la jungle, nous entendions de Gaulle engueuler tous ces jeunes. Nous entendions qu'ils avaient pris l'Odéon, nous croyions Paris à feu et à sang.

La crise a duré dix ans. Pour Joris et pour moi. Dix ans sans faire de film. Pendant ces années noires, nous avons été invités par le maire de Florence à tourner un documentaire sur sa ville. Nous avons fait neuf mois de repérages, et nous avons conçu un scénario dont un des personnages était un éboueur, fou de l'art abstrait italien, qui ne se nourrissait que de lait et de bananes pour pouvoir acheter des tableaux. Il vivait au-dessus de Florence, dans la campagne. Son plus grand bonheur, quand il faisait beau, était de sortir ses tableaux, de les accrocher dans les oliviers autour de sa maison et de les regarder longuement en écoutant de la musique classique sur son transistor. Mais le film ne s'est jamais fait à cause de querelles bureaucratiques, de luttes de pouvoir, et nous sommes rentrés bredouilles à Paris, alors qu'ils aimaient tous le scénario.

De toute façon, je détestais Florence. C'est une ville forteresse construite pour se défendre et pour combattre, une ville macho dont les hommes n'ont pas changé. Les Florentins ne sont pas sympathiques. Ils croient être mieux que tous les autres Italiens. Ils sont froids, distants, conservateurs avec une forme d'humour qui ne m'arrache même pas un sourire, et surtout, ils sont tellement provinciaux. Ils détestent Rome parce qu'ils la jugent frivole, gaspilleuse. La mentalité florentine, c'est qu'un sou plus un sou ça fait deux sous, et ils supportent les touristes pour cette raison tout en s'en défendant, en cachant les lieux privilégiés, comme dans une tactique de guerre. Ils se contentent de vivre, de s'enrichir avec leur passé. Ils n'ont même pas été capables de créer un musée d'Art moderne ni de soutenir aucune femme artiste.

Et puis on est tout le temps dans le passé, à Florence. Il n'y a jamais eu de révolution, dans cet endroit. Partout ailleurs, les aristocrates ont été dépossédés, ont tout perdu ; quelquefois ils ont récupéré une partie de leurs biens, mais il y a des trous dans leur histoire, des trous béants. À Florence, pas du tout : les châteaux sont intacts, les tableaux sont passés de père en fils, les arbres généalogiques se poursuivent depuis cinq ou six cents ans dans une fossilisation de l'Histoire qui est troublante.

La Chine continuait à vivre en nous, Joris et moi, même si l'ordre là-bas était que nous n'étions pas fréquentables. Zhou Enlai était mort. Il n'était pas question que nous y retournions, à ce moment-là. Nous étions très mal vus par la Bande des Quatre. Puis Mao est mort, sa femme a été arrêtée. Ce n'est qu'en 1979 que nous avons pu y retourner, Deng

Xiaoping était au pouvoir. Les revendications ont recommencé à fleurir sur les murs. Des revendications sur les cinq démocraties dans telle usine, sur telle injustice. Tous les matins, avec ma traductrice, j'allais lire ces dazibaos. Un jour, Deng Xiaoping, qui nous recevait officiellement Joris et moi, m'a attaquée :

« Je sais que vous lisez les dazibaos.

— Oui, c'est vrai.

— Pourquoi vous faites ça ?

— Ça m'intéresse de connaître les revendications du peuple chinois, son expression démocratique.

— Non, non, ce n'est pas du tout démocratique. D'ailleurs, ça n'existe pas dans votre pays.

— Parce que nous avons beaucoup de journaux qui expriment des opinions différentes. Les lecteurs peuvent écrire et leur texte peut être publié. Nous n'avons donc pas besoin de dazibaos. »

Alors Deng Xiaoping m'a dit : « De toute façon, je peux vous le garantir, au mois de septembre – on était en juillet –, il n'y aura plus de dazibaos. »

Effectivement, en septembre, il n'y avait plus de dazibaos.

C'est alors que, quelques mois après notre retour de Florence, Joris m'a dit : « Aujourd'hui, si je faisais un documentaire sur la Chine, je ne parlerais plus de déplacer les montagnes. J'essaierais d'aller aux montagnes. La Chine est si vieille, elle en a tant vu qu'elle ne perd jamais vraiment son calme. C'est peut-être cela que je cherche en Chine : le calme. »

Joris était un vieil asthmatique. Il vivait depuis des années avec une capacité pulmonaire très réduite. Il a été soigné pour cet asthme un peu partout dans le monde. En Chine, les médecins avaient des méthodes différentes. Ils lui ont fait comprendre le lien qui unissait le grand et le petit, le macro et micro, le vent et l'asthme. Les Chinois ont ce proverbe : *Lorsque la terre respire, cela s'appelle le vent.* C'est ainsi, lentement, qu'est née l'idée de partir filmer le vent en Chine. *Une histoire de vent* est un film poétique et philosophique sur la pérennité de la civilisation chinoise, qui survit depuis trois mille ans à tous les changements de dynastie et à toutes les révolutions. Une fable sur un vieil homme asthmatique qui part au bout du monde saisir l'invisible, à savoir le vent. Dans une séquence du film, Joris rencontre un vieux sage, grand maître de kung-fu. Il lui dit : « Vous comprenez, je ne peux pas respirer.

— C'est parce que vous avez peur d'expirer. »

Joris lui demande le remède pour soigner son asthme. Et le maître lui répond, manière d'énigme : « Le souffle du vent d'automne. »

Le secret du souffle, c'est ce que Joris cherchait en tournant son dernier film en Chine, au risque d'en mourir. Déjà, pendant les repérages, en décembre 1985, il avait pris froid, pneumonie, asthme. Il avait été transporté aux soins intensifs de l'hôpital Capital parce qu'il ne pouvait plus respirer. Il y était séparé des autres patients par un simple drap. Je dormais à côté de lui, sur un petit lit pliant. Je n'ai jamais oublié cette image de moi, avec mes petits paquets en plastique par terre, m'efforçant de prendre le moins de place possible. Et cette infirmière de nuit, qui essayait de baratiner Joris pour qu'il la fasse sortir de Chine ; elle le harcelait : « N'est-ce pas que vous m'emmènerez à Hong-Kong ? N'est-ce pas ? »

Bernardo Bertolucci vivait dans le même hôtel que nous, à Pékin, où il préparait le tournage du *Dernier Empereur*. Nous nous croisions de temps en temps. Un jour, Bernardo s'approche de moi et dit : « J'apprends que Joris est très gravement malade. » Il adorait Joris. Il met sa main dans sa poche et il en sort une liasse de dollars : « Tu vas en avoir besoin, tu les prends, et c'est tout, tu ne dis rien. » Il a été extraordinaire. Il y a des moments, comme ça, de réconfort inattendu.

Joris était dans un état très grave. Les Chinois voulaient qu'on le rapatrie en France parce qu'ils avaient peur qu'on les accuse du pire s'il mourait en Chine. Mais, toujours aussi légers, nous n'avions pas d'assurance rapatriement. C'est donc le gouvernement français qui a rapatrié Joris. Nous avons fait venir Jean-François Masson, un grand ami médecin, pour organiser l'évacuation et rassurer Joris, qui était par moments dans un état d'excitation dangereux. Jean-François est arrivé enveloppé dans une houppelande de style chinois du XIXe siècle en tissu satiné doublé d'une peau de mouton – il faisait très froid. Il est tombé dans cette salle des urgences arriérée comme un dieu descendu du ciel. Joris l'a regardé et a dit : « Jean-François ! Tu es là, donc tout ira bien. » Il a été évacué dans un avion d'Air France, par une nuit de vent glacial. Les Chinois n'ayant pas le matériel nécessaire pour hisser le brancard à bord, Joris avait été placé sur les plaques destinées à monter les repas.

Le deuxième rapatriement a eu lieu en juin 1986, en plein tournage, mais cette fois, nous étions assurés. Je suis restée en France une semaine, alors que Joris était dans le coma. Mais dès qu'il a été mieux et ramené à la maison, j'ai organisé une brigade de copines pour le veiller nuit et jour, et je suis repartie en Chine finir le film.

Il fallait assurer les prises de vues dans lesquelles Joris était présent, trouver une façon de le rendre absent. Alors il a fallu transformer le scénario. Par exemple la scène où il attend le vent dans le désert. Il est assis sur une chaise, d'une manière assez surréaliste, inattendue. Il souffre beaucoup de la chaleur, il est envahi de fantasmes, il voit ses poumons malades radiographiés, et le petit enfant qu'il a été vient chercher sa main de beau vieillard pour l'aider à marcher jusqu'au bout.

Il y a aussi cette fée qui a bu l'élixir d'immortalité ; envoyée sur la lune, elle s'ennuie à mourir parce qu'il n'y a pas de vent. Et aussi l'histoire de ce poète qui buvait et qui, une nuit, s'est jeté dans un étang pour étreindre la lune, dont il voyait le reflet à la surface de l'eau. Encore aujourd'hui en Chine, pour l'honorer, les gens jettent traditionnellement du riz aux poissons de l'étang pour éviter qu'ils ne mangent le poète. Et soudain, dans le désert, épuisé d'attendre le vent qui ne se lève pas, le vieil homme tombe de sa chaise...

J'appelais Joris tous les jours de Chine pour le rassurer : « Oui, j'ai trouvé une solution, ne t'inquiète pas, tout va bien. » Mais je n'osais pas lui dire laquelle, car elle était d'une cruauté totale, c'était aller au bout de la démarche, jusqu'à l'inéluctable : sa disparition. Sa mort. Elle était déjà présente dans le film, et ça me faisait mal, mais il fallait aller jusqu'au bout. J'ai pris une doublure. J'étais la seule personne qui pouvait la diriger, donner l'illusion d'une présence de Joris, parce que je connaissais son corps, sa corpulence, sa façon d'être, de tenir sa canne. Impossible de montrer l'homme de face car la doublure était évidemment un Chinois. C'est curieux comment une nécessité – montrer l'homme de dos – a pu devenir une décision de style. Un élément poétique du film.

Et puis enfin le vent se lève dans le désert. Le vieil homme le défie, ses cheveux sont dressés par le souffle de la tempête de sable, il descend lentement de la dune et disparaît, s'efface. Le vent l'a emporté. La chaise est vide, là, au sommet de la dune. Et, dans le dernier plan, la chaise n'est plus là.

Au retour, à Paris, quand je lui ai montré les rushes, Joris a dit : « Non, ce n'est pas possible. » Sa mort. L'idée lui était insupportable. Je le comprends. J'avais réglé le problème de son absence par une absence absolue. Mais en même temps, celle-ci formait le nœud dramatique, essentiel au film. Joris le savait. Il a accepté. Une fois le film terminé, il m'a dit : « Il manque dix, quinze pour cent pour que ce film soit un chef-d'œuvre. »

La première d'*Une histoire de vent* a eu lieu au festival de Venise, en septembre 1988 – vingt minutes d'applaudissements après la projection puis le Lion d'or pour l'ensemble de son œuvre. Puis il y a eu l'ouverture du festival de Rotterdam, en présence de la reine Béatrix de Hollande. Qui a adoré. Comme son mari, alors en pleine dépression, n'avait pas pu y assister, ses services m'ont contactée pour que je lui envoie une copie du film. Il y a donc eu une projection au Palais royal. Le film est sorti fin mars 1989. Joris est mort le 28 juin suivant. Sa dernière grande lutte a été de soutenir publiquement les étudiants chinois de la place Tian'anmen. Il a fait plusieurs appels officiels au gouvernement chinois pour ouvrir le dialogue avec les étudiants, ce qui a nettement refroidi nos liens avec les autorités chinoises, surtout après qu'avec Bernard-Henri Lévy, nous avons créé une organisation internationale qui rassemblait les personnalités intellectuelles, artistiques, politiques ayant voyagé en Chine : Bertolucci, Spielberg, Arthur Miller, et même un ancien ambassadeur des États-Unis auprès de Mao Zedong, sur la base de Yenan. Joris est allé aux premières grandes manifestations sur le parvis du Trocadéro. Puis il est tombé gravement malade ; il a fallu l'hospitaliser, c'était le 16 ou le 17 juin. Il était intubé, il ne pouvait pas parler, il tremblait, mais il écrivait quand même : « Et la Chine ? Et la Chine ? » Il était obsédé par la Chine. Deux jours après sa mort, le grand quotidien italien *La Repubblica* terminait l'article consacré à sa disparition par cette phrase : « Le dernier crime de Deng Xiaoping, c'est la mort de Joris Ivens. »

Il est mort, j'étais là. Ils ont essayé de le réanimer avec violence pour faire redémarrer le cœur, mais il n'a pas redémarré. Il devait être sept, huit heures du soir. J'ai attendu qu'il n'y ait plus personne, j'ai découpé une mèche de ses cheveux que j'ai toujours, et puis j'ai mis ma main sur sa nuque et je suis restée comme ça jusqu'à quatre heures du matin. J'ai senti la tiédeur de son corps disparaître et cette froidure qui s'installait.

Un désir de désert

Tout à l'heure, un ami m'appelle. Je croyais que c'était pour me souhaiter mon anniversaire. Non, il m'apprend qu'il est au plus bas. Il vient d'être dévalisé dans un train en Suisse alors qu'il voyageait avec sa femme et un de leurs petits-fils dans une voiture de deuxième classe. Il avait pendu sa veste à un crochet au-dessus de lui. Dans la poche de sa veste se trouvait son portefeuille. Il n'y avait pas d'argent dedans, mais ses cartes bancaires, sa carte de déporté, sa carte d'identité, son permis de conduire et puis, surtout, son numéro de matricule qu'il avait fait découper et tanner pour le laisser à ses enfants avant de mourir. Il était d'origine polonaise. Il avait été déporté enfant, à Birkenau. À la fin de la guerre, après être resté longtemps en attente, avec dix mille autres orphelins, au terme d'un accord international, il a fait partie des sept cents accueillis par de Gaulle en France — la plupart des autres sont allés en Israël. Il est devenu un chirurgien français célèbre. Il s'est fait greffer un morceau de peau d'une autre partie de son corps à la place de son matricule, et porte donc une grande cicatrice au bras. Le temps qu'il aille aux toilettes, cinq minutes, on a mis la main dans sa veste et volé son portefeuille. Au bout du fil, il me dit : « Je suis détruit. Pour refaire tous les papiers, ma fille va m'aider. Mais d'avoir perdu mon numéro, c'est une tragédie abominable, pour moi. » Cette fois, il a eu de la chance : il a retrouvé son numéro en retrouvant son portefeuille, sans argent ni carte de crédit bien sûr. Mais il se l'est fait voler une seconde fois...

Moi aussi, je suis obsédée par mon numéro. Même ma sœur ne le connaît pas par cœur. Il pourrira dans mon caveau. Le découper ne me vient pas à l'idée. Certains l'ont fait enlever, pour s'en débarrasser. Je me demande s'il ne faut pas l'inscrire sur ma tombe. Je ne sais pas si ça sert qu'il y ait des traces, quand les gens passent. J'ai été estampillée de force. La marque a un sens pour moi, mais peut-être pas pour les autres. Souvent, on me demande : « Qu'est-ce que c'est le petit triangle en dessous ? » « C'est la moitié de l'étoile juive. »

Depuis l'an 2000, je porte l'étoile de David. Parce que je suis juive et que je les emmerde. Cette fois, c'est moi qui me définis, ce ne sont pas les autres qui le font, qui m'imposent de mettre une grosse étoile jaune bordée de noir avec *Jude* écrit à l'intérieur. Je la porte librement, délibérément. Elle est pure, celle-là. Elle m'a été offerte par Joris, il y a longtemps. Elle est en argent, incrustée de strass. Elle est belle, petite. En fait, j'en ai toute une collection. Comme ça, je change... Celle-ci vient d'Israël. Dessus, il y a un bouquet de fleurs. Celle-là est faite de brillants bleus et blancs ; elle est très grande. Celle-là est toute petite et rouge. Dans un livre sur les symboles du judaïsme, j'ai appris que ce n'est qu'au XIVᵉ siècle que ce motif géométrique formé de deux triangles isocèles entre-croisés, très ancien, a été définitivement associé à l'expression *Mungen David*, le bouclier de David. Il était utilisé pour se protéger des démons et des forces maléfiques. Un jour, un ami m'a dit : « Ça y est, tu remets l'étoile, toi ! » Pour lui, j'étais tout d'un coup trop juive ; il fallait que je sois une Française qui ait la même histoire que les Français français, c'est-à-dire athées et républicains (ce que, d'ailleurs, j'ai toujours été). J'étais acceptée à condition d'être une Juive qui ne l'était plus. Et ça, c'est pour moi impossible.

À une époque, j'ai cru que c'était possible. Je me suis sentie soulagée quand je ne me suis plus appelée Rozenberg. J'en avais assez qu'on me parle des Juifs. J'avais envie de me fondre dans l'universalité célébrée par l'époque. Je me suis mariée avec Francis, un garçon qui n'était pas juif. Joris non plus n'était pas juif. J'avais besoin de m'évader pour survivre, après les camps. Même si, au retour, j'ai vécu des histoires d'amour avec des garçons juifs. Mais au retour, j'étais folle. Sauvage, d'une sauvagerie, d'une timidité et d'une violence inouïes. Lancée dans une quête d'amour disproportionnée, écrasée par un sentiment d'insécurité totale. Il m'a fallu du temps, des dizaines d'années... C'est Joris qui m'a apporté cette confiance en moi, acceptant mes contradictions sanglantes. Et moi les siennes. C'est Joris le premier qui m'a aimée telle que j'étais. Il m'a fallu du temps pour comprendre que, finalement, avec lui, je m'étais gelée de l'intérieur. Que j'avais tout projeté vers l'extérieur, dans le champ de la politique, que je me concevais comme avant tout dépositaire de la nécessité absolue de lutter pour la liberté des peuples. Ne plus penser à ce qui avait précédé, passer à autre chose. Ne pas chercher. Ne pas m'intéresser à mon identité, parce que c'est elle qui me détruisait... Je reviens de loin. Est-ce que j'en suis revenue ? Je ne sais pas.

Ce dont je souffre le plus, c'est d'une culture qui est morte, et dont je n'ai pas tout saisi. Elle me manque terriblement. Terriblement. La culture juive d'Europe centrale. Oui, la culture de mes origines de la *Mitteleuropa* est morte. Je n'en entends plus qu'une musique lointaine, mais si puissante. Sur ce point, les nazis ont gagné : ils l'ont détruite. Et toute l'Europe a été complice. Mon désir de retour à ma culture est venu lentement. Il fallait quitter beaucoup de choses, il fallait avoir le courage d'être soi-même face aux autres, donc il fallait du temps.

Il y a deux ans, je ne pouvais plus supporter ces actes contre les Juifs, si répandus en France. Une amie m'a dit : « Puisque tu souffres à ce point, je vais te faire inviter chez des amis. » C'est ainsi que je suis allée à mon premier « shabbat laïque », chez David, un expert en langues anciennes. Il m'a accueillie par ces bonnes paroles : « Dans la Haggadah, le récit de Pâques, il est question de quatre personnages : le sage, le coupable, l'innocent et celui qui ne sait pas questionner. Quand il entre dans une assemblée, le coupable demande : "Que faites-vous là ?" Par le fait qu'il dise "Que faites-*vous* là ?" au lieu de "que faisons-*nous* là ?", il s'exclut de l'assemblée. Et en s'excluant, il renie l'essentiel. Et l'essentiel, c'est la communauté. La communauté des "je", l'ensemble des "je" dans le "nous". En hébreu, le "nous", c'est un "je" au pluriel. Donc celui qui s'exclut du "nous" alors qu'il est impliqué dedans contredit le "nous" dont il est un "je" personnel. On dit qu'il n'y a pas de particularité qui ne soit pas une universalité. Et pour que l'universalité soit, il faut qu'une particularité soit. C'est la particularité qui engendre l'universalité. Toute particularité a son universalité. »

J'ai découvert quelque chose de l'âme juive que je recherchais depuis longtemps. Les shabbats tournent, chez les uns, chez les autres. Le shabbat, c'est être ensemble. J'ai toujours aimé « être ensemble ». Ce désir d'être dans un groupe. Mais je ne peux pas être dans *un* groupe, je ne peux être que dans *des* groupes. J'ai besoin de circuler.

Un de mes plus beaux souvenirs d'enfance est ce jour où la chef des Petites Ailes est venue demander à ma mère de me laisser participer à un camp, au bord d'un étang, dans la région d'Épinal. Et ce sentiment de bonheur, quand j'allais apprendre l'hébreu, en sixième... Et pendant l'exode, à Limoges, dans le centre que les adultes avaient organisé pour que les enfants ne traînent pas dans les rues, quand j'apprenais des chants en hébreu... De la même manière, j'ai gardé une certaine nostalgie de ce qui nous unissait à Birkenau. Il y avait cette violence épouvantable, mais il y avait de l'amour aussi. Cet amour que, peut-être, je retrouve les soirs de shabbat. J'y rencontre des gens avec qui je suis en harmonie, qu'ils soient riches ou pauvres, juifs ou non juifs, et quelle que soit leur profession – nous sommes tous renvoyés à l'essentiel. Enfin, je peux être moi-même. Je suis ce que je suis, entre autres juive, je l'accepte et on l'accepte. Je ne suis pas croyante, mais on dira un *kaddish* sur ma tombe.

Mon père faisait les fêtes juives : c'étaient des bougies, des prières, le partage du pain, le vin de raisin. Au château de Gourdon, nous ne faisions plus de fêtes juives, parce que c'était la guerre, il fallait être discret. Dans les camps, il y avait des pratiquants pieux, chez les hommes plus que chez les femmes, il me semble. Je n'ai vu aucune femme faire ses prières. En revanche, j'ai des copines qui sont revenues de là-bas pratiquantes. Mais pas comme on l'entend chez les catholiques. « Puisqu'ils veulent notre peau, se disaient-elles, il faut que nous continuions, que nous persistions dans ce que nous sommes, que nous perpétuions la tradition juive et la transmettions aux enfants. »

Hitler a voulu nous éliminer, il y est presque arrivé. Ça me tord l'estomac, quand j'y pense, encore. Je revois ces milliers de femmes et d'enfants, c'est affreux... Rien ne s'est effacé. Je vois les foules riches, je vois les foules pauvres, les Hongroises qui arrivent, les derniers visages du ghetto de Łódź, tellement pauvres, je les vois et je pense : « Il y a peut-être parmi eux ma grand-mère, mes cousins. » Ils étaient tous dans le ghetto de Łódź. La blessure est inguérissable.

Avoir assisté à l'extermination et ne pas vouloir rester juive, c'est admettre que Hitler a gagné. Voilà ce que je pense, aujourd'hui. Mais il m'a fallu tant d'années, il m'a fallu en sortir et y revenir. J'ai essayé de me fondre dans l'universalité d'une gauche qui croyait qu'on pouvait changer le monde, et qu'à travers cette transformation, la question juive et celle d'Israël seraient réglées. Longtemps j'ai pensé qu'un révolutionnaire était nécessairement bon. Sinon, il n'avait pas de raison d'être un révolutionnaire. J'étais naïve. Attendre des autres ce qu'ils ne peuvent pas vous donner revient à entrer dans une prison. Croire que l'homme qui prend des risques pour changer le monde le fait avec le meilleur de lui-même est un rêve d'enfant. L'homme et le monde sont autres.

Être juif est la pire des conditions – disons plutôt que c'est un lourd fardeau. On est toujours accusé de quelque chose. Je viens de là, j'ai payé et je me suis rapprochée de mes origines. Avec beaucoup d'amis ou d'anciens amis, je ne peux pas aborder ce sujet. J'étais dans une colère bleue, à la fin du XXᵉ siècle, mais maintenant, je suis ailleurs.

Une amie qui rentre d'Inde m'a rapporté des guirlandes de jasmin. Une merveille. Cette odeur, on voudrait en mettre partout dans la maison, s'en enivrer. Ça me rappelle ce jour où, il y a une quarantaine d'années, Joris était revenu du Vietnam vers cinq heures du matin. Cela devait être en 1965, pour le tournage du film *Le Ciel, la Terre*, sur l'incident du golfe du Tonkin, une attaque du Vietnam du Nord par les Américains. Il avait rapporté un énorme panier plein de lychees et de feuilles vertes, très belles. Alors qu'il se remettait de son décalage horaire, je m'étais levée et j'avais décoré toute la maison avec ces lychees. Il y en avait partout, dans la cuisine, dans le salon. Et Joris s'était réveillé, vers midi, au milieu de ces guirlandes de lychees qui embaumaient l'appartement.

Quand on me demande quelle a été ma vie affective depuis la mort de Joris, je réponds : « Il m'a fallu des années pour accepter sa disparition, faire ce qu'on appelle le travail de deuil, mais la douleur est toujours là, même si la brûlure est moins vive. Et pas d'autre homme ces vingt dernières années. » Joris, l'irremplaçable.

Notre amour, parti d'un coup de foudre né au gré d'une série de hasards, a mêlé deux destins qui ont su ensemble franchir de nombreuses étapes, complexes et contradictoires. Un Hollandais volant et une petite Juive errante.

Nous avons partagé vingt-sept, vingt-huit ans de vie. Toujours dans l'essentiel, sans oubli de l'essentiel, jamais. Notre confiance réciproque était totale. Un homme de soixante ans et une femme de trente ans. Une toute petite famille, mais si forts ensemble. Une hydre à deux têtes, disions-nous, travaillant intensément, si longtemps envers et contre tout. Nous nous accordions chacun de grandes libertés, mais aucune d'elles n'a jamais affecté notre univers commun, parce que nous savions où était l'essentiel. Sans lui, seul le travail m'a sauvée et comme lui, je veux mourir debout, dans le travail.

J'ai chez moi une boîte pleine de lettres d'amour envoyées à Joris par d'autres femmes pendant nos vingt-sept ans de vie commune. Cette boîte, Joris l'avait confiée à une amie il y a très longtemps, parce qu'il ne voulait pas que j'y sois confrontée, sans doute. Après sa mort, cette amie m'a restitué la boîte. Je ne l'ai jamais ouverte et je ne m'autoriserai jamais à le faire ; ces lettres ne regardent que Joris, et je n'ai jamais ouvert aucun courrier qui lui était adressé de son vivant. Elle m'embarrasse, cette boîte, je ne tiens pas à ce qu'elle tombe dans le domaine public, même si je pense qu'elle appartient à l'être qu'il a été. Peut-être vais-je faire en sorte qu'elle soit ouverte selon les conventions en vigueur, cinquante ans après ma disparition.

Je me suis toujours considérée comme la dernière femme de Barbe-Bleue, celle qui transgresse, d'un commun accord. Mais il m'a fallu beaucoup de temps pour comprendre ma relation avec Joris, il a fallu sa mort, en fait, pour comprendre que je préférais vivre avec mon père qu'avec un amant. Le manque du père a été tellement violent. En Joris, j'avais retrouvé un père. Autrement. Souvent, je regarde le ciel : oh, si un nuage me dessinait son visage, comme à Bombay, il y a quelques années ! J'avais pris un bateau pour aller sur l'île des Singes, et tout d'un coup, j'ai vu le visage de Joris qui se découpait dans le ciel. C'était bouleversant.

Je le cherche dans le ciel de Paris, mais rien. Le ciel est peut-être trop bas, ici.

Alors je pense au ciel de Jérusalem, à cette ville où j'ai trouvé la paix de l'âme. Mon désir de Jérusalem. La ville de la lumière et de la beauté. On est dans le désert. Le désert est partout, là-bas. C'est un pays de désert. De désert et d'arbres. D'arbres plantés. Quand on va à Mitspe Ramon, au bord du Néguev, il y a ce sable blanc qui vous prend les yeux. On est sur la faille africaine. Il y a de grands cratères.

J'ai rapporté des pierres du désert. Des pierres qui ont trois millions d'années. Des pierres de lave. On peut faire du feu avec... Le sentiment : je viens de là, de ce désert – en fait, je ne viens pas du tout de là, la Pologne est bien loin. Mais ce sentiment, que tout est parti de là, m'attache à Jérusalem plus qu'à tout autre endroit. J'ai une profonde conscience de l'Histoire, des prophètes – y compris Jésus-Christ. Jésus ne voulait pas changer la religion juive, il voulait la ramener à ses origines, contre les mécréants. C'était bien. Ça ne justifie pas ce qui s'est passé après. Je me sens plus concernée par l'Histoire là-bas que je ne le suis ici. L'histoire de ce peuple auquel j'appartiens. Je sens très fort cette appartenance. Ici, à Paris, j'ai l'impression de ne plus être dans l'Histoire. Pourtant, si, je suis aussi dans l'Histoire, ici. On est malheureusement toujours soumis à ce qui nous entoure, on ne peut y échapper. Oui, je suis d'ici aussi. Je suis de là-bas et d'ici.

On dit chez les Juifs : « Quand tu arriveras en

Israël, tu embrasseras trois fois la terre. » La première fois que je suis arrivée à Tel-Aviv, j'ai chuté
trois fois de suite en descendant de l'avion par l'escalier en fer. Je ne pensais pas du tout à cette
phrase, avant cela. Mais elle m'est revenue immé-
diatement en mémoire.

La reine du Sud

Juste après la sortie d'*Une histoire de vent*, Joris et moi avions commencé à travailler sur un nouveau projet de film, qui mêlait la légende du Hollandais volant et l'histoire bien connue du Juif errant. Joris disait : « Moi, c'est fini, je ne ferai plus de film. » Et je lui répondais : « Tu pourrais me conseiller sur mon tournage, tout de même. » Nous avions un plan de cent ans. Cent ans pour lui. Mais il a glissé avant. À quatre-vingt-dix ans et demi, sans avoir jamais cessé de travailler. C'est ça qu'il voulait : mourir debout. Il est resté couché dix jours. Toujours lucide.

Joris mort, ce projet de Hollandais volant et de Juif errant ne pouvait plus s'envisager. Alors, avec Elisabeth, qui avait déjà collaboré avec nous sur le scénario d'*Une histoire de vent*, je me suis lentement rapprochée de mon histoire, une histoire de feu.

Ça devait être en octobre 1992. J'avais décidé d'aller rejoindre Elisabeth à Java, où elle habitait, pour travailler sur la première version du scénario de

La Petite Prairie aux bouleaux. À l'époque, le projet s'appelait *Si le Phénix ne meurt pas.*

Nous sommes allées à vingt kilomètres au sud de la ville de Yogyakarta, par des routes primitives et encombrées de charrettes, de cyclo-pousses, dans un lieu assez étrange, au milieu de rien, sur une falaise surplombant l'océan Indien. Un grand pavillon ouvert à tous vents, dans le style javanais, qui serait notre salle à manger. Nous occupions l'une et l'autre une sorte de paillote, pas mal exotique pour moi qui arrivais de Paris. Les vagues se fracassaient contre les rochers dans un bruit si infernal qu'elles me réveillaient la nuit. La première nuit, je me suis demandé si un quelconque orage n'était pas en train de détruire un bout de côte, tellement le vacarme était violent. J'ai découvert qu'il était interdit de se baigner à cet endroit, sous peine d'être emporté par des tourbillons. Par la suite, j'ai exorcisé cet océan grâce à la reine du Sud. Selon la légende, cette reine des profondeurs enlève hommes, femmes et enfants pour les emmener dans son palais sous-marin.

C'était la première fois que j'allais en Indonésie. Jusque-là, ma relation à ce pays s'était faite par l'intermédiaire de Joris, dont je connaissais l'histoire éprouvante.

En 1945, à la fin de la guerre avec le Japon, à la demande de la reine de Hollande, Joris avait accepté le poste de commissaire à la Culture aux Indes néerlandaises sans aucune idée de ce qui pouvait s'y passer, simplement parce que le poste lui paraissait intéressant.

Pour les Indonésiens, ce n'étaient plus les Indes néerlandaises. Après la capitulation du Japon qui avait envahi l'archipel, ils avaient déclaré leur indépendance et se battaient contre la colonisation hollandaise, alors en train de se reconstituer. Arrivant d'Amérique en Australie, Joris découvrit que les dockers du port de Sydney refusaient de charger les armes hollandaises à destination des Indes néerlandaises. D'autres bateaux étrangers, comme des navires indiens, étaient eux aussi chargés d'armes destinées à combattre la nouvelle indépendance. Joris se sentit soudain plus proche de l'Indonésie indépendante que de la reine de Hollande. Il résilia son poste de commissaire à la Culture et tourna un film, *Indonesian Calling*, sur cette grève des dockers de Sydney solidaires des leaders indépendantistes indonésiens réfugiés en Australie, un petit bijou marqué, dans le style, par le long séjour de Joris en Amérique.

Les conséquences furent terribles. Le *New York Times* titra en pleine page : « Un traître à sa patrie : Joris Ivens ». La guerre était à peine finie, et l'on pouvait penser que le *New York Times* désignait un collabo. Joris en avait été si éprouvé qu'il fut terrassé par une crise d'asthme. Un ancien cameraman, ami de Joris, devenu directeur du Cinéma en Tchécoslovaquie, lui proposa alors de le rejoindre pour faire un film sur la reconstruction de ce pays. Une fois le film terminé, quand Joris voulut quitter la Tchécoslovaquie, la Hollande refusa de renouveler son passeport. Et c'est ainsi, en pleine guerre froide, qu'il se trouva bloqué dans les pays de l'Est pendant plusieurs années.

En 1956, dans l'espoir d'ouvrir l'Allemagne de l'Est à l'Ouest, il fut à l'origine d'une coproduction entre la RDA et la France, que Gérard Philipe voulait diriger sur ses conseils : *Till Eulenspiegel*. L'intervention de Gérard Philipe lui permit de venir s'installer en France. Rien ne pouvait le rendre plus heureux. Il réalisa alors *La Seine a rencontré Paris*, ce film merveilleux présenté au festival de Cannes en 1957 et qui obtint la Palme d'or. Entre-temps, *Indonesian Calling* était entré clandestinement en Indonésie et avait été montré aux Indonésiens en lutte. Mais en 1965, quand Suharto prit le pouvoir dans un bain de sang anticommuniste, le film fut interdit et Joris n'a jamais pu se rendre dans ce pays.

L'Indonésie était donc pour moi un pays mythique. Je me suis dit : « C'est le paradis ; on ne peut pas être plus loin d'Auschwitz. Je ne vais pas pouvoir travailler sur les camps dans un lieu aussi merveilleux, tellement beau, tellement proche de la nature, où on mange si divinement mal. » J'en étais mal à l'aise. Trop de beauté. Et ce peuple qui semblait si doux. C'était la mousson. Nous n'étions que toutes les deux, Elisabeth et moi, dans cet hôtel désert, battu par des pluies torrentielles sur la corniche en bordure de l'océan.

Et puis, un soir, un couple est arrivé, qui s'est installé dans une autre paillote. Un homme d'une cinquantaine d'années grand, fort et blond, et sa femme, petite et brune. Et sous ce pavillon ouvert à tous vents où il y avait des perroquets, des oiseaux de paradis et des plantes luxuriantes, ils nous ont invitées à boire un verre. La conversation s'est engagée en anglais. Ils étaient hollandais. Ils arrivaient du nord de la Thaïlande, sur la frontière birmane, d'un ancien camp de la mort où le père de la femme brune avait été déporté par les Japonais pendant la guerre. Celui-ci vivait alors en Indonésie où il avait épousé une Javanaise dont il avait eu deux fils. Lors de l'invasion japonaise, il avait été embarqué, comme tous les colons hollandais d'Indonésie, et mis dans un camp. Sa femme javanaise avait dû brunir les cheveux de ses deux garçons pour que l'occupant ne devine pas qu'ils étaient des métis européens. Très vite, sa famille avait fait pression pour qu'elle se remarie – une femme jeune, célibataire et avec deux enfants, à Java, et sous l'occupation japonaise, ce n'était pas bien vu. Elle avait finalement accepté de se remarier avec un aristocrate javanais. Quelques jours avant les noces, les Japonais ayant capitulé, le mari était revenu, très amaigri. Il avait fait irruption comme un revenant dans la cérémonie de mariage pour récupérer sa femme. L'affront, pour la famille du prétendant, avait été tel que le couple avait dû s'enfuir précipitamment avec ses deux enfants en Hollande. Jamais ils n'avaient remis les pieds à Java.

La femme brune était née quelques années plus tard. Son père ne lui avait pas parlé de sa déportation, jusqu'à ce que, se sentant vieillir, il éprouve le besoin de raconter. Et elle avait voulu partir sur ses traces, jusqu'à Java. Ce soir-là, perdu sur la plage, dans la mousson et le brouillard tropical, le couple avait aperçu de la lumière sur la falaise et avait débarqué dans cet hôtel comme deux naufragés. Et moi j'écoutais à moitié, car j'avais un peu bu. Dans un nuage de semi-conscience, j'ai montré mon numéro de matricule à l'homme. Ce colosse a fondu en larmes et m'a prise dans ses bras. Sa femme, elle, n'entendait rien ; elle était détruite, ivre morte. Ensuite ils nous ont emmenées dans leur paillote. Ils avaient des piles de livres en hollandais sur les camps japonais. Dans ma chambre, il y avait des piles de livres sur Auschwitz. Et nous étions tous les quatre, seuls dans cet hôtel au bout du monde, paradisiaque, où l'on descendait sur la plage par de grands escaliers en pierre volcanique pour manger des poissons grillés, boire du lait de coco au milieu des perroquets et de fleurs comme on n'en voit pas en Europe, dont je ne connaissais même pas le nom, cet endroit où tout était beau, où rien ne laissait soupçonner la méchanceté de l'homme. Le camp m'avait rattrapée jusque-là. On n'en sort donc jamais. On y revient toujours.

La voix des cendres

Pendant toute l'écriture du scénario, qui s'est étendue sur plusieurs années, j'ai désiré secrètement qu'Elisabeth se rende avec moi à Birkenau. Il était impératif qu'elle se confronte à ce lieu. Elle n'avait pas à y aller, me disait-elle, parce que ce n'était pas son histoire et qu'elle ne voulait pas se substituer à mon expérience, à ma douleur. Puis un été, alors qu'elle rentrait de Java, elle m'a confié que le temps était venu pour elle. Cela tombait bien. Je venais de gagner un billet d'avion pour Cracovie à la tombola de la fête de l'amicale d'Auschwitz, qui se tient chaque année dans la mairie du XXe arrondissement de Paris. Parmi les lots, cette année-là, il y avait un vélo. J'avais acheté soixante-dix billets pour gagner le vélo. Je me fichais pas mal des autres, du genre : un gilet en tergal taille XL, un porte-clés de la ville de Nice, une nappe en fausse dentelle... J'avais deux copines, une surnommée Cocotte et sa sœur, deux frangines qui ont vécu ensemble depuis le retour des camps, qui ne se sont jamais mariées. Elles disaient : « Nous, on prend tout, on connaît des gens qui en ont besoin ! » Je remplissais leur sac. Moi, je ne voulais que le vélo. Et j'ai gagné le vélo. Mais aussi un billet pour Cracovie.

Alors Elisabeth et moi sommes parties à Cracovie. Nous sommes descendues à l'hôtel d'Angleterre, au centre-ville, un établissement quelconque, médiocre.

En fin d'après-midi, nous sommes allées nous promener à Kazimierz, le quartier juif, ou du moins ce qu'il en reste : une place silencieuse et déserte, des immeubles aux façades mortes, aux fenêtres soit noires et béantes, soit obstruées de planches. La nuit commençait à tomber. De l'autre côté de la place, quelques lumières se sont allumées derrière des vitrines. Des bars ou des cafés. On entendait la plainte d'un violon comme venue d'outre-tombe. Sur la droite, une synagogue, aussi délabrée et désolée que le reste, ses murs soutenus par des étais entrecroisés. Un homme faisait les cent pas devant, vêtu de noir et portant l'écharpe de la prière. C'était le rabbin. Il attendait le dixième homme pour le shabbat. Parce qu'il faut être dix hommes pour faire la prière, or ils n'étaient que neuf. Il nous a montré les torahs et les taleths tout neufs que lui avaient offerts des Juifs américains. Depuis la chute du mur de Berlin, ils étaient de plus en plus nombreux à venir à Kazimierz, à la recherche de leurs racines.

Il nous a raconté qu'avant la guerre, il y avait soixante-huit mille cinq cents Juifs à Cracovie, qu'aujourd'hui ils n'étaient plus que cent douze et qu'ils n'arrivaient même pas à être dix pour le shabbat, si c'était pas malheureux. La nuit commençait à tomber. Le rabbin était inquiet. Mais nous ne pouvions pas faire le dixième homme puisque nous étions des femmes. Alors nous l'avons laissé là avec son inquiétude terrible et nous avons traversé la place vers les lumières et le son du violon. Il y avait trois restaurants, qui tous s'appelaient Ariel. Ils pensaient qu'avec un nom pareil, les affaires allaient marcher – Ariel, en hébreu, c'est le « Lion de Dieu ». Ils sortaient de plusieurs décennies de communisme, et n'avaient pas encore intégré le principe de concurrence. Mais ils étaient déjà en procès les uns contre les autres. À cause de ce nom, Ariel, qu'ils portaient tous. Et ça allait mal finir. Nous sommes entrées dans un de ces restaurants pour manger quelque chose : la salle était décorée dans le style des années 1930 ; il y avait des chandeliers à sept branches sur les tables, des portraits de rabbins, des photos anciennes de Juifs polonais, des espèces de statues abominables en bois sculptées à la main, genre le pauvre violoneux, le pauvre Juif, le mendiant, le *shlemil*, c'est-à-dire l'imbécile. C'était délirant. À la carte, il y avait tous les plats de mon enfance : du bouillon *krepler*, du *gehakte leber*, de la carpe, des harengs gras... Mais la nourriture était dégoûtante, et ni les serveurs ni le propriétaire n'étaient juifs. Tous des catholiques polonais. Alors nous sommes allées au deuxième Ariel, puis au troisième : toujours la même histoire. Une histoire juive sans Juifs !

Le lendemain matin, nous avons loué une voiture pour nous rendre à Birkenau. La fois précédente, j'avais apporté des pull-overs, des collants, un manteau chaud, des châles, pour me protéger du froid, du froid d'Auschwitz. Cette fois, c'était Elisabeth qui se protégeait. Elle portait un bonnet tibétain en plein mois de juin, elle avait froid tout le temps. Je lui avais préparé des mouchoirs parce que j'étais sûre qu'elle allait beaucoup pleurer. Des mouchoirs de Joris, en fil, très grands. Tout en marchant d'un bloc à l'autre, dans les herbes hautes de Birkenau, elle disait : « C'est bizarre, je ne ressens rien du tout, ça ne me fait rien, je ne sais pas pourquoi je suis là. »

Nous sommes arrivées devant la sculpture à la mémoire des victimes de la Shoah, une horreur. Non seulement cette sculpture écrase les corps, mais elle déforme les lieux au point qu'on n'a plus de repère de ce qu'on appelle aujourd'hui le crématoire n° 2 – à l'époque, les crématoires n'avaient pas de numéro. Ce crématoire-là était tout près de mon bloc. Face à cette sculpture, Elisabeth s'est mise à hurler comme quoi j'étais totalement masochiste de revenir là, qu'on ne sentait que la présence des bourreaux, que même l'art était devenu bourreau, qu'on ne devrait pas mettre les anciens SS en prison, mais les obliger à vivre là, à Birkenau, pour qu'ils marinent jusqu'à la fin de leurs jours dans le jus de leurs propres crimes, qui suinte de partout, même de l'herbe et des arbres. Sa colère montait : « Et tu crois que je vais pleurer ? Je ne veux pas de tes mouchoirs. Tu crois que je vais leur donner mes larmes ? Je ne leur donnerai pas une seule larme, à ces bourreaux ! » Et moi j'étais là, avec les morts. Je continuais à marcher, imperturbable. Je savais que ça devait arriver. Qu'Elisabeth pénètre l'invisible. Elle ne pouvait travailler avec moi que si elle ressentait l'invisible, c'est-à-dire les autres, les absents.

Nous avons ainsi marché jusque devant le crématoire près duquel j'avais travaillé à creuser des fossés pour y jeter les Hongroises gazées. C'était pendant l'été 1944. Les transports de Hongrois. Il y en avait tellement que les crématoires marchaient nuit et jour, et que ça ne suffisait pas. Les fossés, c'était pour brûler les cadavres. Ils les arrosaient d'essence. Le ciel était noir, nous étions couvertes de cendres. J'avais une pelle trop grande pour moi... Pendant cinquante ans, j'ai oublié que j'avais creusé ces fossés. Occulté. C'est mon amie Frida qui un jour a réveillé ma mémoire. Je ne voulais pas la croire. Comment avais-je pu oublier une chose pareille ! C'était insupportable ! Je me disais que j'aurais dû tout noter au retour, ne pas déchirer ce que j'avais écrit. Mais alors, j'avais le sentiment, commun à beaucoup de survivants, que mon témoignage serait dérisoire au regard de ce que nous avions vécu. De toute façon, au retour, personne ne nous écoutait. Avais-je occulté pour continuer à vivre ? C'était atroce. De vouloir se souvenir, de ne pas pouvoir, et tout d'un coup, d'avoir ces flashes épouvantables qui surgissaient des gouffres de la mémoire.

Frida et moi creusions ensemble le jour où la révolte du *Sonderkommando* a éclaté, le commando des déportés qui sortaient les cadavres des chambres à gaz pour les brûler dans les crématoires... Ils savaient que leur tour venait d'être gazés... Ils avaient coupé les barbelés, à une quarantaine de mètres de nous... Ils nous faisaient de grands gestes... Nous ne comprenions pas ce qu'ils voulaient, nous avions peur. Il y avait eu des coups de feu, des explosions. Nous les avions revus plus tard, attachés les uns aux autres. Nous avons su qu'ils avaient tous été gazés à leur tour.

C'est devant ce crématoire que tout a basculé. Il faisait extrêmement lourd, un orage se préparait, abominable. Elisabeth était assise sur un tertre de terre, toujours avec son bonnet tibétain sur la tête. Moi, je ramassais de la terre dans un sac en plastique, car la terre était pleine de cendres. Nous étions seules, là, depuis des heures, me semblait-il. Et tout d'un coup, le rapport entre l'humidité de l'air, la pluie qui arrivait, les éclairs et la chaleur de la terre ont soulevé des vapeurs sorties de l'intérieur des crématoires éventrés, comme si les morts nous parlaient. Puis une détonation d'une violence inouïe – le tonnerre ? la foudre ? – a fracassé l'horizon et nous a littéralement encerclées. La nature nous parlait. Une respiration venait du fond de la terre, de tous ces morts brûlés, gazés, ces enfants, ces vieux, ces femmes, ces hommes qui me suppliaient : « Il n'y a que toi qui peux faire ce film, tu dois le faire, ne lâche pas. »

Nous étions toutes les deux dans une transe indescriptible. Le seul moment comparable que j'ai vécu, c'était à Shanghai, il y a de nombreuses années. Un rêve en couleurs d'une violence terrible, totalement abstrait, relié à Joris, comme si tout d'un coup j'avais pris du LSD. Une transe de nuit dans un rêve de couleurs merveilleuses, si merveilleuses que quand je les ai vues sur mon propre œil, cela l'a comme brûlé. Et je ne faisais rien tellement c'était beau. Et quand je me suis dit qu'il fallait que j'aille à l'hôpital, il était trop tard. C'était tellement beau, ce qui se passait dans cet œil, les verticales qui étaient devenues des diagonales dans des couleurs sublimes, que j'ai laissé mon œil mourir sans m'en rendre compte. En réel. Et dans ce rêve, au-delà de cette folie des couleurs, il y avait Joris qui insistait beaucoup pour rencontrer un de ses amis chinois dont il n'arrivait pas à avoir de nouvelles. On lui disait qu'il n'était pas libre, jusqu'au jour où on l'avait fait entrer dans un appartement où il y avait cet homme qu'il aimait beaucoup, qui avait en apparence disparu dans les trappes chinoises, qui lui parlait. Mais Joris se rendait compte que cet appartement n'était pas le sien, parce que son ami ne savait pas où était l'interrupteur ; c'était manifestement un appartement bidon...

Elisabeth et moi, nous avons marché jusqu'à l'étang où les cendres étaient déversées après le crématoire. Il y avait des tablettes sans nom plantées sur la berge. Elisabeth s'est approchée de l'étang avec un geste, comme pour faire une ablution. Elle m'a dit : « Marceline, viens tremper tes mains. » Pour moi, c'était impensable. Mais j'ai fini par le faire. C'était une eau qui ne mouillait pas. Ni chaude ni froide. À la température du corps. À la température des cendres. Et nous étions là, toutes les deux, à tremper nos mains dans l'étang. Longtemps. Comme une méditation. Comme si les morts nous disaient : « Tout va bien. » Tous les éléments nous parlaient : l'eau, la terre, le feu, la pluie, le vent, les éclairs. La nature nous a tout donné, à ce moment-là. C'était à nous d'en faire quelque chose.

Le chat

Au retour de Birkenau, il y a eu cette histoire de chat. Elisabeth et moi étions depuis quelques jours dans ma maison de La Troque à retravailler le scénario de *La Petite Prairie aux bouleaux*. Cette maison de campagne, Joris et moi l'avions achetée à la fin des années 1970, après que j'avais bien failli disparaître à New York. La découverte de cette ville avait été pour moi un choc. Parce que j'étais sous influence. Je rentrais de la guerre du Vietnam, du 17e parallèle où j'avais été arrosée de bombes américaines, et, en Europe, tout le monde crachait sur les Américains. Or ce pays n'était pas ce qu'on m'en avait dit, il ne ressemblait pas à l'image répandue. J'étais fascinée par le dynamisme du peuple américain. Par ce sentiment de vastitude fabuleux que je n'avais trouvé qu'en Chine.

Je marchais beaucoup, dans New York. Je voyais la ville comme la plus grande forêt de pierres du monde. On dit d'ailleurs qu'elle est bâtie sur une roche particulière, une pierre de lave qui dégagerait une énergie dont se saisissent ses habitants ou dont ils sont imprégnés malgré eux et qui les dynamise complètement. Je marchais beaucoup. Avec ce désir, que j'ai toujours eu, de foutre le camp. Oui, foutre le camp, comme dit Myriam dans *La Petite Prairie aux bouleaux*, quand Auguste, le jeune photographe allemand, est assis sur le banc, la nuit, à ses côtés. Il lui demande pourquoi elle est revenue à Auschwitz, si c'est pour témoigner. Et Myriam répond : « Les déportés reviennent ici, ils sont chargés de souffrance comme moi, ils veulent foutre le camp comme moi. » Un jour, après la projection du film, une femme est venue vers moi et m'a demandé si j'avais fait exprès d'utiliser l'expression « foutre le camp ». « Vous vous rendez compte ? » Non, je ne m'étais pas rendu compte, je ne l'avais pas fait exprès.

J'ai toujours vécu l'exil non terminé de mon père. Et tout d'un coup, là, à marcher dans New York, j'ai senti l'exil à la semelle de mes souliers. Brusquement, j'ai été saisie du désir de changer complètement de vie, de rester dans un pays où l'on peut être garçon de café aujourd'hui et demain metteur en scène. J'avais deux cents dollars sur moi. J'ai téléphoné à Joris qui était à Paris :

« Tu sais, je ne rentre pas.

— Comment, tu ne rentres pas ?

— Non, je trouve qu'on peut tout recommencer ici, c'est génial, je sens que c'est mon monde, que je suis à ma place. »

Joris avait trente ans de plus que moi. Il avait déjà fait le parcours américain. Il ne voulait pas recommencer. Il aimait la France. Je suis rentrée en pestant contre lui. Mais j'aimais Joris plus que l'Amérique. Lui, il voulait des racines, des arbres, la nature, il en avait besoin pour sa respiration, il était de ces artistes asthmatiques, comme Proust, Losey et d'autres. C'est alors que nous avons acheté la maison de La Troque, à soixante kilomètres de Paris.

Il y avait presque un hectare de terrain, et beaucoup d'arbres. Plutôt une prairie à l'abandon qu'un jardin, car ni Joris ni moi n'étions des cultivateurs. Des cèdres, des peupliers, et beaucoup de ronces, il faut le dire. La maison était banale, une ancienne grange, sans doute, très grande. J'y avais mis des meubles de famille dont j'avais hérité après les suicides de mon frère et de ma sœur et la mort de ma mère.

Elisabeth et moi étions parties travailler dans cette maison. Je n'y étais pas retournée depuis la mort de Joris. C'est alors qu'a surgi ce chat terrifiant. Comme un signe. C'était un matin, nous étions assises autour de la grande table du salon, en train d'écrire la scène qui montre Myriam grimpant au sommet d'un des miradors du camp et hurlant à tous les bourreaux et à tous les fantômes de Birkenau : « *Ich bin fünf und siebzig tausend sieben hundert fünfzig !* Et je suis vivante ! » Le cri de la mémoire jeté à la face du monde, au-delà des baraques, des crématoires, des barbelés, des bouleaux et des herbes folles. Il n'y a qu'un chien errant pour l'entendre.

Et voilà qu'à ce moment précis, un chat entre dans la maison, un chat sauvage, énorme, malade. Il grimpe clopin-clopant les escaliers et s'installe dans la petite chambre du haut, sur le couvre-lit bleu passé du divan. Impossible de le déloger ni même de le toucher car il est couvert de plaies purulentes. Il sent très mauvais, il est en train de se décomposer de l'intérieur. Peut-être qu'il a été attaqué. Il a une drôle d'histoire derrière lui, ce chat.

Nous appelons la société protectrice des animaux pour leur demander d'envoyer quelqu'un. La femme au bout du fil nous répond qu'elle a « d'autres chats à fouetter », mais que, s'il arrive quelque chose à cette pauvre bête, ce sera de notre faute, que nous en portons l'entière responsabilité ! Nous appelons les pompiers qui nous répondent qu'ils n'interviennent que pour les chats perchés incapables de redescendre seuls. Nous essayons alors de le chasser avec un balai, impossible. Nous ne sommes pas assez brutales. Il est à la fois effrayant et répugnant. Nous éprouvons autant de pitié que de dégoût pour lui.

Arrive le livreur de mazout, un grand garçon, bien solide, vingt-cinq ans. Nous lui demandons :
« Avez-vous peur des chats ?
— Moi, des chats, vous plaisantez !
— Oui, mais c'est un très gros chat... »
Il se moque de nous. De ces deux petites femmes qui ont peur d'un chat. Il dit : « Donnez-moi le balai, j'y vais. » Nous avions fermé la porte de la

chambre pour que le chat ne cavale pas dans toute la maison, lui et ses plaies. Le livreur de mazout ouvre la porte, et à la vue du chat couché sur le divan, il pousse un cri, et recule, horrifié : « Oh là là ! Non merci ! » Et il s'en va en nous laissant le chat sur les bras. Finalement, courageusement, Elisabeth, suivie par une Marceline complètement pétrifiée, attrape les quatre coins du couvre-lit et précautionneusement, dans une attitude de réticence et d'audace mêlées, porte le chat au fond de la prairie.

Le soulagement. Nous nous disions : « Ce chat sauvage est reparti dans son coin de campagne, là où il a sa vie. » Et nous avons passé une nuit très tranquille, satisfaites de notre héroïsme. Le lendemain matin, je sors la table de jardin pour le petit déjeuner, et là, à trois mètres, dans l'herbe, je vois le chat... mort. Il était revenu vers nous pour mourir. Comme une image de notre inconduite. Il avait décidé que c'était dans la chambre qu'il devait en finir de sa vie, et nous disait que nous aurions dû le laisser mourir là.

Et nous étions en face de ce chat mort. Son corps était déjà raide. Nous ne pouvions pas l'enterrer au fond du jardin, il était trop gros. Et puis, ce n'était pas notre chat. Alors nous l'avons mis dans un sac-poubelle – nous étions vraiment ignobles – et nous sommes allées l'abandonner au bord de la route, supposant que les services de la voirie le ramasseraient. Nous avions le cœur lourd. Ce chat malade, surgi alors que nous écrivions sur

l'enfermement des camps. Il participait de ce scénario, de cet enfermement, et nous n'avions pas su
l'accueillir...

Quelques années plus tard, j'ai vendu cette
maison à un homme très riche qui s'est suicidé
juste après l'avoir achetée. Je suis contente de ne
plus avoir de maison de campagne. Je n'y pense
jamais. Sauf quand je revois Joris parler aux
arbres. C'était extraordinaire. Joris était heureux,
là-bas. Aux arbres, il leur disait... Secret défense.
Peut-être qu'il leur parlait en hollandais, je ne
sais pas. Il revenait de promenade, je lui demandais : « Où es-tu allé ? » « Je suis allé parler aux
arbres. »

Moi, aujourd'hui, je parle aux fleurs. J'en reçois
beaucoup, parce que mes visiteurs sont gentils.
Quand une fleur est entrée dans mon appartement,
elle devient pour moi un être vivant ; il faut que je
l'aide à vivre bien. Et le plus longtemps possible.
Par exemple, ces lys roses ; il y a deux jours, certains n'étaient pas ouverts. J'ai vérifié que leur
queue était en bon état, je les ai arrosés sur le dessus avec mes mains pour leur donner un peu de respiration, j'ai mouillé les feuilles, j'ai changé l'eau
du vase, puis j'ai parlé à ceux qui semblaient n'être
pas sûrs de vouloir s'ouvrir. Je leur ai dit : « Toi, le
lys, tu ne vas pas rester fermé comme ça, veux-
tu que je te donne un coup de main ? » Mais j'ai vu
que non, que c'était indépendant de ma volonté,
que la fleur avait sa vie propre et qu'elle devait
décider quand s'ouvrir. Effectivement, aujourd'hui,

trois lys se sont ouverts. Je viens souvent les humer parce qu'ils dégagent un parfum radieux. Je passe à proximité, je ressens ce parfum en moi, je voudrais qu'il dure, alors je repasse une deuxième fois, puis une troisième fois, et je m'approche, et je leur parle.

Pourquoi le ciel est bleu

J'ai tant parlé qu'une année a passé. Demain, j'aurai un an de plus. Dans l'année j'ai fait un accident cardiaque, j'ai acheté un vélo d'appartement et je me suis mise à Internet. Je fais une heure de vélo par jour. La distance Paris aller-retour. Ça fait bien ça, non ? Je traverse des rues, des parcs, je vais vers les cieux, parfois, je roule au-dessus des toits. Comme Mary Poppins ou les enfants de *E.T.* Comme dans mon rêve, à l'hôpital, quand je m'échappais des soins intensifs à vélo pour aller aux toilettes chez moi. Parce que je devais faire dans une cuvette, sur mon lit, sans intimité, et que cela me rappelait les latrines du camp : « *Hast du gemacht ? Hast du gemacht ?* »

Dans ma boîte aux lettres électronique, je reçois ce à quoi je ressemble. Par exemple, ce soir, il y avait la photo d'une figue domestique datant de dix mille cinq cents ans, découverte dans ce qui serait le plus vieux village agricole du monde, en Israël. Et une autre photo, celle de mon premier mari, Francis, que j'avais perdu de vue depuis cinquante-cinq ans.

Ma vie balagan

Je n'ai pas encore acheté de nouvelles plantes pour mon balcon. Il est trop tôt. Il faut attendre le mois d'avril. Le temps est trop instable. Et pourtant, il y a déjà des fleurs, des jacinthes – des nouvelles ou celles de l'année dernière ? On se demande, car l'hiver a été si doux. Les plantes sont totalement déréglées, en ce moment. J'ai trois forsythias qui n'ont rien donné. Ils sont moribonds. Et je me demande comment vont reprendre les deux passiflores, qui m'ont l'air d'être déboussolées. Elles n'ont pas eu d'hiver, pas de descente de sève. Pour l'instant, elles n'ont pas très bonne mine, mais on ne sait jamais avec la nature. La météo annonce une température de moins trois pour demain. Tant pis. Je ne peux pas les rentrer, je n'ai pas de place à l'intérieur. Pour les couvrir, il faudrait acheter de grandes bâches plastique. C'est fait, c'est fait. Il faut que les plantes se démerdent. Comme nous.

Il est tard. Je devrais aller me coucher. Mais je traîne, assise sur le petit banc de ma cuisine, à essayer de démêler mon collier qui s'est embrouillé. J'aime bien ce petit banc, parce que j'ai les deux pieds bien à terre, il est à ma hauteur. Les chaises sont souvent trop hautes. J'ai les pieds ballants. Ce petit banc, il est coincé contre la fenêtre, entre le chauffe-eau à gaz et la cuisinière à gaz. Le four, lui, est électrique. D'être assise là, ça me rappelle une histoire de gaz. J'ai logé pendant un peu plus d'un mois une amie allemande qui détestait l'idée d'aller à l'hôtel. Je lui ai proposé de venir chez moi parce que la chambre à l'étage était libre. Durant ce mois et demi, son mari est venu la rejoindre pendant une semaine. Un soir, à la tombée de la nuit, les voilà tous les deux qui arrivent avec un petit sac : « Ah Marceline, nous avons un cadeau pour toi, un cadeau pour te sauver la vie !

— Merci beaucoup, c'est trop gentil. »

J'ouvre : c'est un tuyau de gaz ! Le matin, au petit déjeuner, ils avaient été derrière la cuisinière et découvert que mon tuyau de gaz était périmé depuis cinq ans. Alors ils sont allés m'acheter un tuyau de gaz neuf au Bon Marché. Le tuyau était trop long, si bien qu'ils m'ont offert comme une espèce de relique un morceau du tuyau ancien, sur lequel était inscrite une date du passé, et un morceau de la même dimension du tuyau neuf, porteur d'une date du futur. Sans comprendre le sens que leur cadeau pouvait avoir pour moi. Eux, des Allemands.

Je suis donc assise sur mon petit banc à essayer de démêler mon collier. C'est *balagan*. *Balagan*, en hébreu, cela veut dire le bordel, la cata. Le collier lui-même est *balagan*, fait de bric et de broc, de faux brillants tout mélangés, bizarres. Il ne se ferme pas, il faut le nouer, et après cela, il est tout embrouillé, je ne peux plus le dénouer. Mais finalement, il est bien comme ça. *Balagan*. Ma vie elle-même est *balagan*. À ce propos, je me fumerais bien un peu d'herbe *balagan*. Mais je n'en ai plus, j'ai fini mon pétard ce matin. Je pourrais en planter sur mon balcon, mais il faut de bonnes graines. Des graines qu'on va chercher à Amsterdam. Il suffit de ne pas passer devant les douaniers avec des lunettes de soleil fantaisistes, au retour, pour ne pas être prise pour une vedette – une vedette, ça voyage forcément avec de la cocaïne.

Je devrais aller me coucher. Mais j'ai le ventre lourd. J'ai trop mangé, à midi. J'étais assez fatiguée. Mais je suis tout de même sortie dans l'après-midi. J'ai traversé le carrefour, rue de Rennes, pour aller à la pharmacie. Il y a tellement de gens qui vont, qui viennent, des bébés, des poussettes, des gens qui vous bousculent, des gens qui ne vous voient pas, des gens qui ne voient rien, qui ne voient qu'eux-mêmes. Et tout d'un coup, j'ai eu le sentiment que tout était un vaste bidon, qu'on se créait des existences qui à la fois en étaient et n'en étaient pas, que nous n'étions que des neurones d'un cerveau dont nous ignorions l'intention, que non seulement nous étions bidon, mais que nous étions des illusions nécessaires à quelqu'un d'autre que nous. Un souvenir m'est revenu, celui de ma découverte précoce des romans de science-fiction américains, de Bradbury, Van Vogt ou encore *La Guerre des mondes* de H.G. Wells dont je recopiais les chapitres pour apprendre à écrire. Que ce qui m'emportait le plus, avant de vouloir refaire le monde, c'était de refaire DES mondes. J'étais fascinée par deux domaines qui ont joué un rôle fondamental dans le développement de notre modernité : la science-fiction et la musique dodécaphonique de Schönberg, Alban Berg, une musique qui a envahi toutes les autres, jusqu'au rock, une musique décalée par rapport à toutes les autres, qui fonctionnait sur des tons et non plus sur des notes, ce que j'avais du mal à comprendre.

Cet après-midi, je me disais que j'avais parcouru un drôle de chemin, de la musique dodécaphonique à la lutte des peuples pour leur indépendance. Une sensation très inquiétante, parce que je sentais bien que je ne pouvais pas aller plus loin. Les pourquoi de mon enfance ne trouveraient jamais de réponse. Tous les pourquoi : Pourquoi on est là ? Pourquoi le ciel est bleu ? Comment ça se fait que le monde il est comme il est ? Pourquoi on est petit ? Pourquoi après on devient grand ?

Cette sensation inquiétante a duré longtemps. En même temps, l'idée me plaisait. Je continuais à marcher vers cette pharmacie. Je marchais lentement parce que je souffrais terriblement des jambes. Je pensais : « Cela s'aggrave, ce n'est pas bien, Marceline, il faut que tu arrêtes de boire. » J'avais les jambes lourdes, et puis il faisait chaud, j'avais du mal à respirer. Mais l'idée des neurones me plaisait. Elle stimulait mon imagination : telle femme était tel neurone, et elle faisait ceci pour que le neurone voisin réagisse comme cela. Des histoires de neurones, une configuration de neurones.

Quand je suis entrée dans la pharmacie, c'est passé. J'allais chercher des médicaments très importants, pour le cœur, comme tous les mois, et je me suis rendu compte que j'avais oublié mes ordonnances. Cela ne m'arrive jamais. Je me suis dit : « Oh là là ! Ça commence à aller très mal, Marceline. » Mais le pharmacien a été gentil, il m'a donné les médicaments sur ma promesse que je lui apporterais les ordonnances le lendemain.

En retournant dans la rue, je me demandais si les mêmes images me viendraient. Quel était mon rôle ? Pourquoi étais-je là ? Vers quoi allions-nous ? Mais évidemment, je n'avais pas de réponse. Et la sensation n'était plus là. Parce que j'avais le soleil en face. Je suis aveugle, dans la rue, je ne vois rien que des ombres. Je ne vois aucun visage, donc je regarde les pieds pour éviter qu'on ne me rentre dedans, c'est tout. J'avais mes lunettes jaunes, mais le soleil était tellement puissant. Je regardais les pieds, les jambes, oh là là attention, garons-nous !

Ne pas avoir de réponses aux questions de l'enfance... J'ai été beaucoup dans le pourquoi, puis un jour j'ai compris qu'il y avait des questions sans réponse. Dans le judaïsme, on dit que ce sont des questions données aux questions. Mais de l'homme vers l'homme et de l'homme vers Dieu. Or je ne suis pas croyante. Enfin, je ne crois pas que quelque chose subsiste de la conscience que nous avons de nous-mêmes vivants. Toutes ces thèses sur la transformation, le renouvellement, je les comprends, mais j'aimerais tout de même savoir ce qui va se passer après nous. Je pense que la mort arrive à un moment du chemin où ça va comme ça. Ça suffit. Mais je n'en suis pas sûre non plus. Il y a des gens qui ont très peur de mourir. Moi, je ne peux pas dire que je n'ai pas peur. J'aimerais encore simplement être. C'est tout. Pas faire. Être. Je souffre beaucoup, mais sans doute est-ce cela, le chemin de la connaissance, de la compréhension.

Un cycle de vie s'est accompli, qui m'échappe, dont je n'ai plus que quelques bribes en mémoire. Sont-ce de vrais souvenirs ? De faux souvenirs ? Ce qui est terrible, quand on a passé soixante-quinze ans, c'est la perte des souvenirs. Le manque de précision. Des détails précis sont restés, mais l'environnement s'est délité. Il y a aussi ce que j'appelle les brumes de la mémoire, qui n'ont rien à voir avec l'âge. Consciemment ou pas, on refuse de se souvenir d'événements et d'actes abominables, mais aussi d'autres au contraire très beaux. Dans les deux cas, ces trous sont un grand malheur.

C'est marrant, j'ai vu comme une ombre partir là-bas, à ma droite, vers la salle de bains. Bizarre. Je ne sais pas. Seraient-ce mes yeux qui défaillent ? Une silhouette. Pas nette. Que j'ai vue à distance, mais qui semblait s'être détachée de moi.

Table

Cet ouvrage a été imprimé par

C P I
Firmin Didot
Mesnil-sur-l'Estrée

pour le compte des Éditions Robert Laffont
24, avenue Marceau, 75008 Paris
en septembre 2008

La photocomposition de cet ouvrage
a été réalisée par
GRAPHIC HAINAUT
59163 Condé-sur-l'Escaut

Imprimé en France
Dépôt légal : octobre 2008
N° d'édition : 48977/01 – N° d'impression : 91895